Bernhard Uhlemann

Modellbahnspaß in Haus und Garten

Bernhard Uhlemann

Modellbahnspaß in Haus und Garten

Die Erlebnisbahn Maxi, Anlagenplanung, Bau, Spielbetrieb

Augustus Verlag Augsburg

Die Deutsche Bibliothek – CIP-Einheitsaufnahme

Uhlemann, Bernhard:
Modellbahnspaß in Haus und Garten : die Erlebnisbahn Maxi, Anlagenplanung, Bau, Spielbetrieb / von Bernhard Uhlemann –
Augsburg : Augustus Verl.; 1995
(Die elektrische Eisenbahn Märklin)
ISBN 3-8043-0360-9
NE: HST

Idee, Konzeption: EuropMedia Verlag, 87660 Irsee
Modellfotografie: Rainer Albrecht, Märklin, Daniel Wietlisbach, Ralph Zinngrebe
Umschlaggestaltung: Christa Manner, München
AUGUSTUS VERLAG in der
Weltbild Verlag GmbH, Augsburg 1995

Satz: Gesetzt in 10/12 Punkt Palatino bei MediaService, 87660 Irsee
Reproduktion: fotolitho Stampfer, Bozen
Druck und Bindung: Westermann Druck Zwickau GmbH
Gedruckt auf 135 g umweltfreundlich elementar chlorfrei gebleichtes Papier
ISBN 3-8043-0360-9
Printed in Germany

Inhaltsverzeichnis

Vorwort

Auf der Internationalen Spielwarenmesse in Nürnberg hat Märklin 1994 erstmals die elektrische Eisenbahn Maxi präsentiert. „Spielen wie früher, mit der Technik von heute", lautet das Motto dieser Erlebnisbahn im Maßstab 1 : 32. Maxi ist in erster Linie eine Spielbahn idealer Größe, schnell auf- und abgebaut, mit tritt- und wetterfestem Gleissystem. Mit modernster Technik, unter Verwendung von DELTA oder Märklin Digital, ergeben sich unzählige Einsatzmöglichkeiten. Dank dem Maßstab 1 : 32 ist diese Bahn eigentlich überall einsetzbar: Auf dem Fußboden, egal ob auf dem Teppich oder auf Parkett, auf der Terrasse, oder auch im Freien auf einer Wiese. Ob jung oder alt, spielen können alle damit.

Größere und kleinere Unfälle können den robusten Fahrzeugen wenig anhaben, denn Maxi ist aus Metall gefertigt. Gerade Kinderhände können bisweilen mit ihrem Spielzeug herzlich aber auch rauh umgehen.

Mit diesem Buch wollen wir Ihnen eine Reihe von Möglichkeiten aufzeigen, wie vielseitig Sie die Maxi mit Freude einsetzen können. Wir stellen Ihnen zunächst Rollmaterial, Zubehör und Technik vor und zeigen Ihnen zahlreiche praktische Beispiele, wie Sie mit Ihrer Maxi so richtig spielen können. Angefangen vom einfachen Oval auf dem Fußboden, oder aufgebaut im Regal: die Maxi macht sich immer gut. Einfache Anlagenkonzepte, erstellt für den mobilen oder festen Aufbau sind so ausgelegt, daß sie jedermann einfach und erlebnisreich aufbauen kann.

Besonders interessant ist der Bau einer großen stationären Anlage, die ausschließlich aus Naturmaterialien gebaut worden ist. Dies ist nicht nur eine preiswerte Lösung, sondern auch ein Riesenspaß für die ganze Familie. Das Spielen beginnt nämlich bereits beim Waldspaziergang und dem Sammeln der geeigneten Materialien.

Der Höhepunkt ist sicherlich für viele der Bau einer großen Gartenbahn. Wir beschreiben Ihnen mit vielen Farbaufnahmen den Weg dazu. Übrigens können Sie diese Gartenbahn jederzeit im Gartencenter Selders in Neuss besichtigen.

Schließlich helfen wir Ihnen noch mit vielen kleinen Gleisplanskizzen bei der Erstellung Ihres individuellen Gleisplanes.

Verlag und Autor danken allen, die bei der Erstellung dieses Bilderbuches mitgeholfen haben. Unser besonderer Dank gilt den Mitarbeitern des Anlagenbaus der Firma Märklin, und dem Spur-1-Team Hagen, das mit Spaß und Einsatzbereitschaft eine herrliche Gartenbahn geschaffen hat. Herzlichen Dank auch an Toni Selders, der den Bau in seinem Gartencenter ermöglicht hat.

MAXI

FAHREN WIE FRÜHER,
MIT DER TECHNIK VON HEUTE

MAXI

Die erste Systemeisenbahn als Urahn der heutigen Märklin 1 (1891).

Die Modelleisenbahn hat sich im Laufe ihrer weit über 100 jährigen Geschichte technisch permanent weiterentwikkelt. Gleichzeitig ist sie immer das geblieben, was sie schon seit Beginn war: ein Spielmittel von allerhöchster technischer Reife, gestaltet mit Liebe und Perfektion für kreatives Handeln und aktives Tun.

Nicht umsonst heißt es auch heute wieder: Spielen wie früher mit der Technik von heute. Märklin hat bei der Konstruktion der Maxi selbstverständlich auch in der eigenen Firmengeschichte Rückschau gehalten:

- hatte doch die 1. System-Modelleisenbahn 1891 mit Lokomotiven, Wagen und Schienen aus Blech begonnen
- war diese erste System-Modelleisenbahn im Großmaßstab 1 : 32 gefertigt
- handelte es sich hierbei natürlich um eine Regelspurbahn wie das große Vorbild
- verfügt das Haus Märklin seit den 80er Jahren über eine digitale Mehrzugsteuerung

Das vorliegende Buch möchte auf keinen Fall den Anspruch erheben, vollständig und lückenlos über Maxi und die Spur 1 zu berichten; vielmehr möchte der Autor, basierend auf eigenen, langjährigen Erfahrungen privater und beruflicher Art, an Hand von Beispielen den Spaß und die Freude vermitteln, die das Spielzeug Modelleisenbahn bieten kann.

Ausgehend von den unterschiedlichsten räumlichen Voraussetzungen, möchte der Autor aufzeigen, daß auch bei kleinsten Abmessungen einer Modellbahn kreatives Spielen möglich und sinnvoll ist.

Neben dem Kreisverkehr, dem traditionellen Start aller Anfangspackungen, gibt es spielfördernde, platzsparende und realisierbare Konzepte, mit der Modelleisenbahn spielen zu können. Wohl wissend um die individuell unterschiedlichsten räumlichen Gegebenheiten, möchten wir nicht 100 ausgesuchte Standard-Gleispläne aufzeigen; denn selten stimmen die gezeichneten Pläne mit den tatsächlich zur Verfügung stehenden

Raumverhältnissen überein. Vielmehr möchten wir anhand von erprobten Beispielen das Prinzip von Grundsituationen als Gleisplan vorstellen (Kehrschleife, Bahnhofsein- und -ausfahrt, Gleisharfe, Bereitstellungs- und Abstellgleise), um eine individuelle Anpassung der Maxi an die realen, räumlichen Gegebenheiten zu erreichen. Mit Hilfe dieser Grundsituationen ist es dann möglich, seine eigene Anlagenkonzeption zu entwickeln.

- Sich aktiv mit dem Spielmittel Modelleisenbahn auseinandersetzen
- Selbst gestaltend und kreativ tätig werden
- Zusammenhänge begreif- und erfahrbar erproben und verstehen.
- Das unterscheidet die Modelleisenbahn von anderen Spielzeugen.

Oben: Maxi, die Erlebnisbahn im Königsformat.
Links: Individuelle Anlagengestaltung mit Maxi und Naturmaterialien: selbst gestalten und kreativ werden.

Maxi bietet hierfür die besten Voraussetzungen: zum einen ist sie aufgrund ihrer robusten Bauweise und Materialien auch außerhalb des Hauses einzusetzen, zum

zweiten verfügt sie über ein kinderleicht zu handhabendes, digitales Mehrzug-Steuerungssystem, zum dritten ist das Gleissystem klar gegliedert, übersichtlich und für einen Außenbetrieb geeignet und viertens regt ihr Konzept einfach zum Mitspielen und Mitmachen an. So besitzt Maxi alle Voraussetzungen, um die Beschäftigung mit der Modelleisenbahn zu einem unbeschwerten, spielintensiven Erlebnis werden zu lassen.

Oben: Unbeschwert erleben: Mitspielen und Mitmachen.
Mitte: Maxi ist auch außerhalb des Hauses leicht einzusetzen.

DAS MATERIAL

Bei der Entwicklung und Herstellung der Maxi wurde sehr viel Wert darauf gelegt, langlebige und robuste Materialien zu verwenden; dies geschah immer mit dem Gedanken an einen harten Alltagseinsatz und eine lange Lebensdauer. Alle Radsätze sind verschleißresistent aus vernickeltem Metalldruckguß gefertigt, die Aufbauten von Lokomotiven und Wagen bestehen ausnahmslos aus wertbeständigem Blech, sämtliches Schienenmaterial wird – in Verbindung mit korrosionsbeständigem Kunststoff – aus Stahl hergestellt.

Aufgrund dieser Voraussetzungen eignet sich Maxi sowohl für den dauerhaften Einsatz unter rauhen Alltagsbedingungen als auch für den Einstieg in die Spur 1. Dies gilt sowohl für den Betrieb innen als auch für das Fahren außerhalb der eigenen vier Wände.

Die Lokomotiven

Sämtliches Material ist sowohl vom Material als auch von der Ausführung für den„rauhen" Alltagsbetrieb bestens vorbereitet; dazu gehört auch die Möglichkeit, mit der Maxi draußen zu fahren. Die bisher im Angebot befindlichen Lokomotiven sind allesamt Dampflokomotiven; von der im Start-Set befindlichen

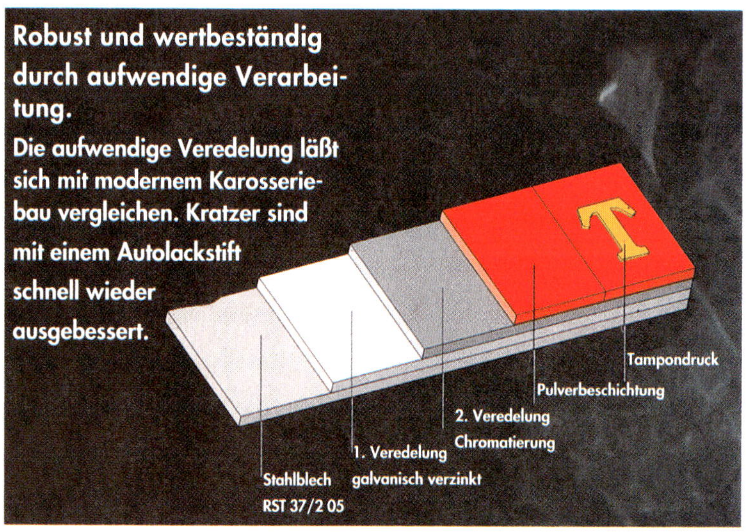

Tenderlokomotive über die schwäbische Variante, das bayerische Pendant mit 3-achsigem Schlepptender, bis hin zum General Grant, einer wuchtigen Westernlokomotive der Central Pacific, mit markantem Schornstein und obligatorischem Kuhfänger. Alle Modelle sind dreiachsig ausgeführt; eine Achse wird direkt angetrieben, die anderen beiden über die Kuppelstangen. Eine Achse ist mit Haftreifen für eine noch bessere Traktion und höhere Zugkraft ausgerüstet.

Die Modelle können wahlweise mit Wechselstrom (Werkseinstellung) oder DELTA oder Digital betrieben werden; eine beigelegte Platine erlaubt alternativ den Fahrbetrieb mit Gleichstrom.

Linke Seite oben: Wie beim großen Vorbild ist bei Maxi alles aus Metall. Oben: Hohe Lebensdauer und ein Laufgeräusch wie bei der „Eisenbahn". Mitte links: Der eingebaute Dampfgenerator sorgt für richtige Live-Stimmung. Mitte rechts: Die stabilen Spur 1-Kupplungen sorgen für sicheren Zusammenhalt bei Maxi und bei der Profi-Spur 1 und untereinander. Unten: Bereits eingebaut: der Empfängerbaustein für DELTA-Mehrzugbetrieb.

Die Lokomotiven sind vorne und hinten mit einer Beleuchtung ausgestattet, die sich automatisch mit der gewählten Fahrtrichtung schaltet. Der bereits eingebaute Rauchgenerator läßt sich über einen Schalter im Führerhaus ein- und ausschalten (ist im Einsteiger-Set nicht enthalten).

Vorne und hinten besitzen die Fahrzeuge automatische Kupplungen, diese sind kompatibel zum System der Märklin Spur-1.

Oben: Die Tenderlok „Rössle" im Spielbetrieb auf einer Anlage.
Unten: Zug aus der Maxi-Startpackung.
Rechte Seite oben: Schwäbische Tenderlok „Rössle"
Rechte Seite Mitte: Bayerische Schlepptenderlok „Aloisius"
Rechte Seite unten: Western-Lok Central Pacific

RÖSSLE
K.W.St.E.

ALOISIUS
G III

CENTRAL PACIFIC
RAILROAD

Die Wagen

Sowohl die Güter- als auch die Personenwagen sind ebenfalls aus Blech hergestellt; lediglich die Puffer und die automatischen Kupplungen bestehen aus Kunststoff. Zum Be- und Entladen lassen sich an den Niederbordwagen die längsseitig angebrachten Bordwände abnehmen und wieder aufstecken; somit können auch Straßenfahrzeuge die Niederbordwagen von einer Rampe befahren.

Sämtliche seitliche Schiebetüren sind funktionsfähig ausgeführt, sie können zum Öffnen und Schließen seitwärts verschoben werden.

Alle Personenwagen besitzen an den Frontseiten Türen zum Öffnen, die Dächer können zum Einsetzen von Gepäck und Figuren abgenommen werden.

Niederbordwagen „Württemberg"
Offener Güterwagen

Gedeckter Güterwagen „Vivil"
Bayerischer Personenwagen

Caboose „Central Pacific“

Amerikanischer Personenwagen
Amerikanischer Güterwagen

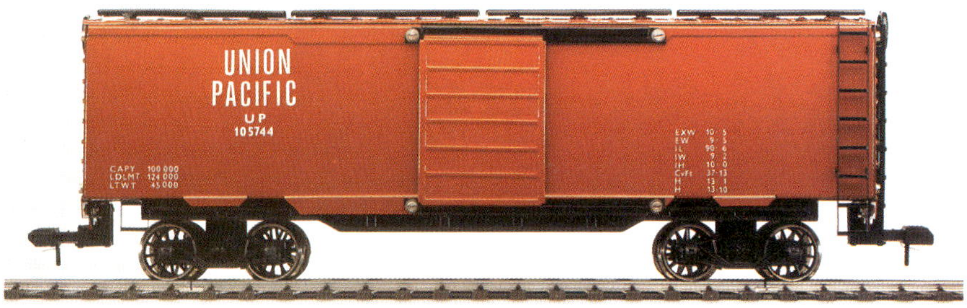

DAS GLEISMATERIAL

Da Maxi kompatibel ist mit dem Spur 1-Märklin Sortiment, stehen eine Vielzahl von Gleismaterialien zur Verfügung, die den Aufbau jedmöglicher Gleisfigurationen erlauben.

Gerade und gebogene Gleise, Flexgleise

Ausgehend vom Grundmaß 300 mm gibt es folgende gerade Gleise:

- 5903 gerades Gleis, Länge 300 mm
- 5917 gerades Gleis, Länge 150 mm
- 5904 gerades Gleis, Länge 80,4 mm
- 5916 gerades Gleis, Länge 59,5 mm
- 5998 gerades Gleis, Länge 900 mm (Gleisbausatz)

Verschiedene Gleiselemente aus dem Spur 1-Märklin Sortiment. Rechts der Gleisbausatz für das gerade Gleis 5998.

Bei den gebogenen Gleisen gibt es drei unterschiedliche Radien:

- 5922 gebogenes Gleis 30° Radius 600 mm (12 Gleisstücke ergeben einen Voll-Kreis von 360°)
- 5935 gebogenes Gleis, 22°30′, Radius 1020 mm (16 Gleisstücke ergeben einen Voll-Kreis von 360°)
- 5936 gebogenes Gleis, 22°30′, Radius 1176 mm (16 Gleisstücke ergeben einen Voll-Kreis von 360°)

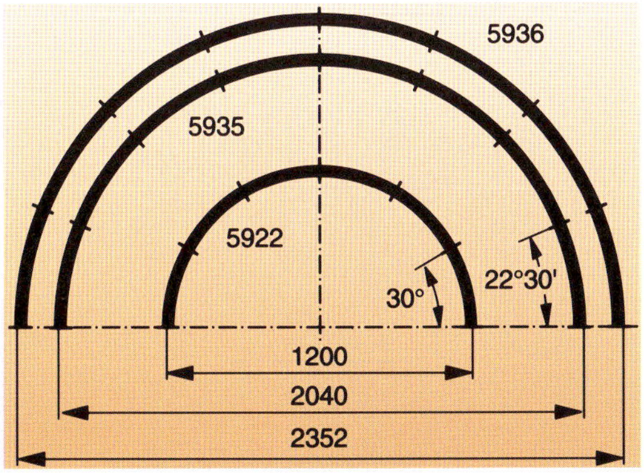

Der Radius von 600 mm eignet sich in besonderem Maße für den platzsparenden Auf- und Abbau sowohl in unseren Kinderzimmern als auch draußen. Optisch noch ansprechender wirken die großen Radien, wobei 5936 das Parallelgleis zum großen Radius bildet, bei einem Abstand von 156 mm (Gleisabstand bei Verwendung von zwei gegeneinandergesteckten Weichen).

Weichen, Gleisgeometrie

Sämtliche Weichen – wie auch die Gleise – sind aus rostgeschütztem Stahl und wetterfestem Kunststoff gefertigt; alle Weichen besitzen einen spielfördernden Handweichenhebel, der sowohl links als auch rechts von der Weiche angesteckt werden kann. Nachträglich kann auch ein elektromagnetischer Weichenantrieb (5625) nachgerüstet werden.

Die Maxi-Weichen 5965 (linksabzweigend) und 5966 (rechts abzweigend) halten in der Geraden das Rastermaß 300 mm Länge (Bogen entspricht dem gebogenen Gleis 5922) ein; dadurch erlauben sie den platzsparenden Aufbau auch bei beengten räumlichen Voraussetzungen.

Die schlanken Märklin-Weichen 5976 (links abzweigend) und 5977 (rechts abzweigend) entsprechen dem eingangs erwähnten Grundraster (Länge der Weiche im geraden Bereich: 5903/300 mm + 5917/150 mm, im abzweigenden Teil entspricht die Weiche dem gebogenen Gleis 5935, Radius 1020). Die Weichen lassen sich also völlig problemlos in die Gleisgeometrie einbauen, auch aus den Kurven heraus sind Weichenstraßen ebenso leicht einzubauen.

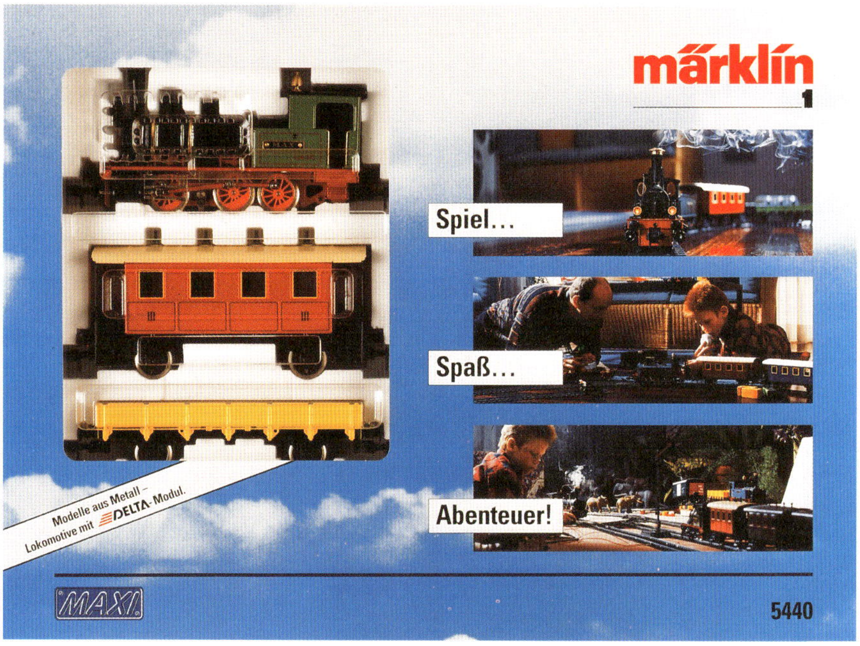

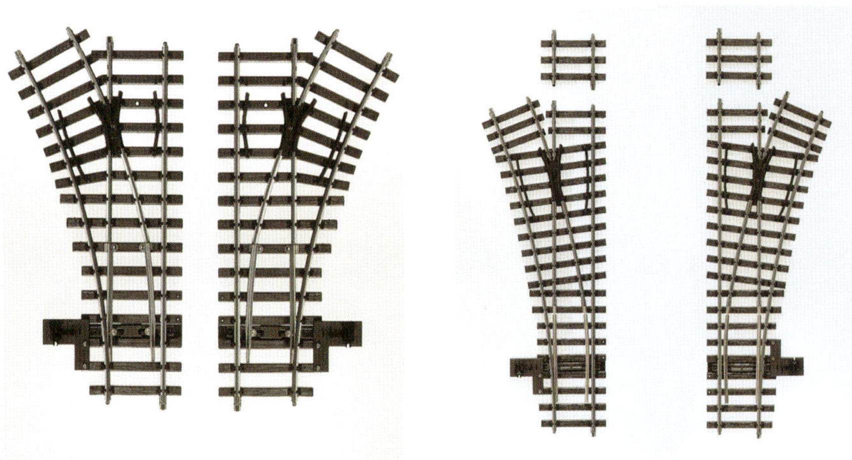

Funktionsgleise und deren Funktion

Um Lokomotiven oder ganze Züge stromlos abstellen zu können, empfiehlt sich die Verwendung des geraden Trenngleises 5905; damit können beispielsweise im Bahnhofs- oder Rangiergleis Fahrzeuge stromlos positioniert werden. Bei Bedarf – durch Anschluß an das Schaltpult 7210 – kann der entsprechende Zug oder das Triebfahrzeug durch einfachen Tasterdruck wieder mit Strom versorgt werden, so daß mehrere Züge zeitgleich nacheinander in Betrieb genommen werden können. Das Entkuppeln zweier Fahrzeuge geschieht durch leichtes Anheben der automatischen Kupplung; mittels des Entkupplungsmoduls 5994 ist dieser Vorgang auch ferngesteuert möglich (über Stellpult 7072/7271 oder digital über Decoder K 83/6083).

Anschluß-Gleisklemmen

Die örtlichen Gegebenheiten entscheiden letztendlich, an welcher Stelle der Strom vom Fahrgerät an das Gleis gelegt werden muß; aus diesem Grund empfiehlt Märklin die Anschlußklemmengarnitur. Zum einen wird ein sicherer Kontakt durch die verwendete Schraubverbindung hergestellt, zum zweiten ist eine solche Verbindung an jeder beliebigen Stelle der gewählten Gleiskonfiguration möglich.

Gleiszubehör

Das gesamte Spur-1-Zubehör ist natürlich auch für die Maxi nutzbar; im einzelnen sind dies:

- Gleishalter (5665): Kunststoffklammern umfassen die Schwellen und können am Untergrund der Anlage fixiert werden, Vorteil: die Schwellen werden nicht beschädigt
- Isolierlaschen (5609): Kunststofflaschen ersetzen im Falle gewünschter Stromkreistrennung jene aus stromführendem Metall; Vorteil: Stromtrennung an jeder beliebigen Stelle der Gleisfiguration möglich
- Prellbock (5602): Modell einer geschraubten Stahlkonstruktion, zum Aufschieben auf gerade Gleise; Vorteil: kann an jeder beliebigen Stelle auf gerade Gleise aufgeschoben und gegen Verschieben mit einer Schraube gesichert werden.

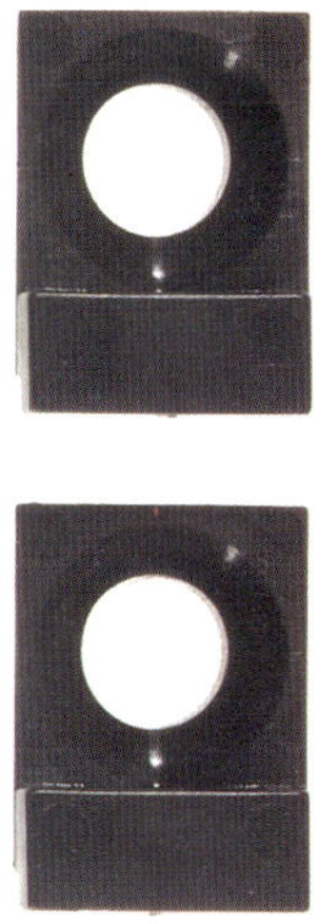

DIE ELEKTRISCHE STEUERUNG

Die in unseren Steckdosen anliegende Spannung beträgt 230 V und kann dem Menschen bei direkter Berührung gefährliche Schäden zufügen: Deshalb wird diese Spannung am Maxi-Transformer auf eine ungefährliche Größe von höchstens 16 V heruntergesetzt. Diese ist für den Menschen absolut unbedenklich. Der Betrieb von Maxi-Lokomotiven kann in grundsätzlich verschiedenen Systemen vorgenommen werden; beim Betrieb mit Wechsel- bzw. Gleichstrom liegt bei Reglerstellung 0 keine Spannung an den Schienen, bei Stellung 250 die höchste. Mit Drehen des Reglers wird den Schienen und damit auch den Lokomotiven die gewünschte Fahrspannung zugeführt. Alle Fahrzeuge fahren gemeinsam oder gleichzeitig an – je nach Stellung des Reglers.

Bei DELTA oder Digital-Betrieb steht den Schienen und damit allen Lokomotiven ständig eine 16 V starke Stromspannung zur Verfügung; die in den Loks eingebauten Empfängerbausteine werden über diese Spannung ständig mit Informationen versorgt. Wird nun eine mit einem bestimmten Code versehene Information ausgesendet, so versteht nur die auf den gleichen Code eingestellte Lok die Befehle: Auf diese Weise können vier (DELTA) bzw. bis zu 80 verschiedene Loks (digital) vollständig unabhängig voneinander auf nur einem Schienen-,

Wechselstrom

Alle Maxiloks sind werksseitig so ausgerüstet, daß sie mit Wechselstrom sofort in Betrieb genommen werden können. Nachdem die beiden Verbindungskabel den Transformator (6647) mit der Schiene verbinden, kann der Fahrspaß sofort beginnen; durch Drehen des roten Reglers von der Nullposition nach rechts (also im Uhrzeigersinn) wird die aufgeglei-

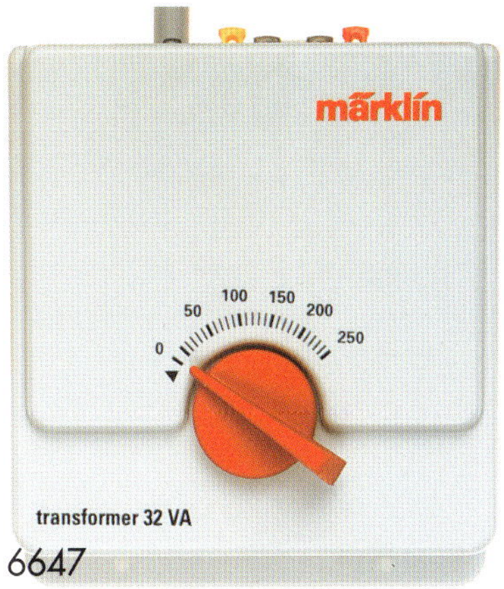

bzw. Stromkreis gefahren und gebremst werden. DELTA ist für den Starter, den Neueinsteiger mit einer leistungsfähigen Steuerung von bis zu vier unabhängig voneinander regelbaren Lokomotiven. Digital ist die konsequente, kompatible Fortsetzung von DELTA bis hin zur Großanlage. Selbstverständlich sind DELTA und Digital kompatibel: DELTA-Loks fahren auf Digitalanlagen und selbstverständlich auch umgekehrt.

ste Maxi in Bewegung gesetzt. Dabei bedeutet die Markierung 250 die höchstmöglich wählbare Geschwindigkeit. Bei dem Wunsch nach einem Fahrtrichtungswechsel wird die Maxi durch Zurückdrehen des Reglers in die 0-Position angehalten; durch leichten Druck nach links wird die Fahrtrichtung der Lokomotive geändert. Beim Drehen des Reglers im Uhrzeigersinn nimmt die Maxi erneut Fahrt auf, allerdings in die gewünschte neue Fahrtrichtung.

Gleichstrom

Maxi-Lokomotiven können ebenfalls mit Gleichstrom betrieben werden. Dazu bedarf es nur des Austausches der jeder Maxi-Lok beigefügten Elektronikplatine. In der Anleitung wird dieser problemlose Austausch beschrieben.

DELTA

Die ausgeklügelte Gleiskonfiguration weckt natürlich den

Wunsch nach noch mehr Betrieb; dieser ist problemlos mit DELTA zu realisieren: durch den Einsatz von bis zu vier Handreglern DELTA-mobil, die an die DELTA-Station angeschlossen werden, können maximal vier Lokführer gleichzeitig und unabhängig voneinander jeweils ihre eigene Lok beschleunigen, fahren und bremsen lassen. Und das auf einem einzigen, gemeinsamen Schienen- bzw. Stromkreis. Die digitale Mehrzugsteuerung machts möglich. Somit können gleichzeitig Rangier- und Zustellfahrten im Bahnhof erledigt werden, während auf der Hauptstrecke ein Güter- und ein Personenzug ihre Last zum nächsten Haltepunkt befördern (natürlich mit unterschiedlich hohen Geschwindigkeiten). Oder: Zwei Maxi ziehen einen Zug gemeinsam, wobei die erste Lok als Vorspann eingesetzt ist. Wie beim großen Vorbild wird jede Lok unabhängig voneinander gesteuert. Oder: Am Bahnsteig 1 wartet ein Maxi-Zug, um die Passagiere ein- und aussteigen zu lassen; gleichzeitig fährt eine zweite Lok einen Güterwagen an das Zugende zum Ankuppeln heran. Nach Lösen der eigenen Kupplung kann der Maxi-Zug abfahren, während sich die zweite Maxi am Stellwerk zum Einsatz für neue Aufgaben meldet. Oder: ...

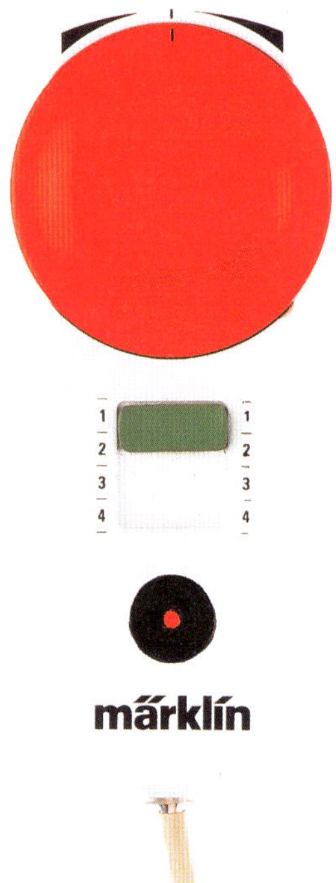

Handregler, mit dem bis zu 4 Loks abwechselnd steuerbar sind.

Neben dem interessanten und kreativen Spiel im Innenbereich eignet sich Delta-mobil im besonderen für den Außenbetrieb; dabei spielt es keine Rolle, ob es sich um eine Veranda, eine Terrasse, eine kurzgeschnittene Wiese oder eine andere, relativ ebene Grundfläche handelt. Aus Sicherheitsgründen verbleibt dabei der Transformer im Inneren des Gebäudes, die DELTA-Handregler können dann zur Steuerung der im Außenbereich

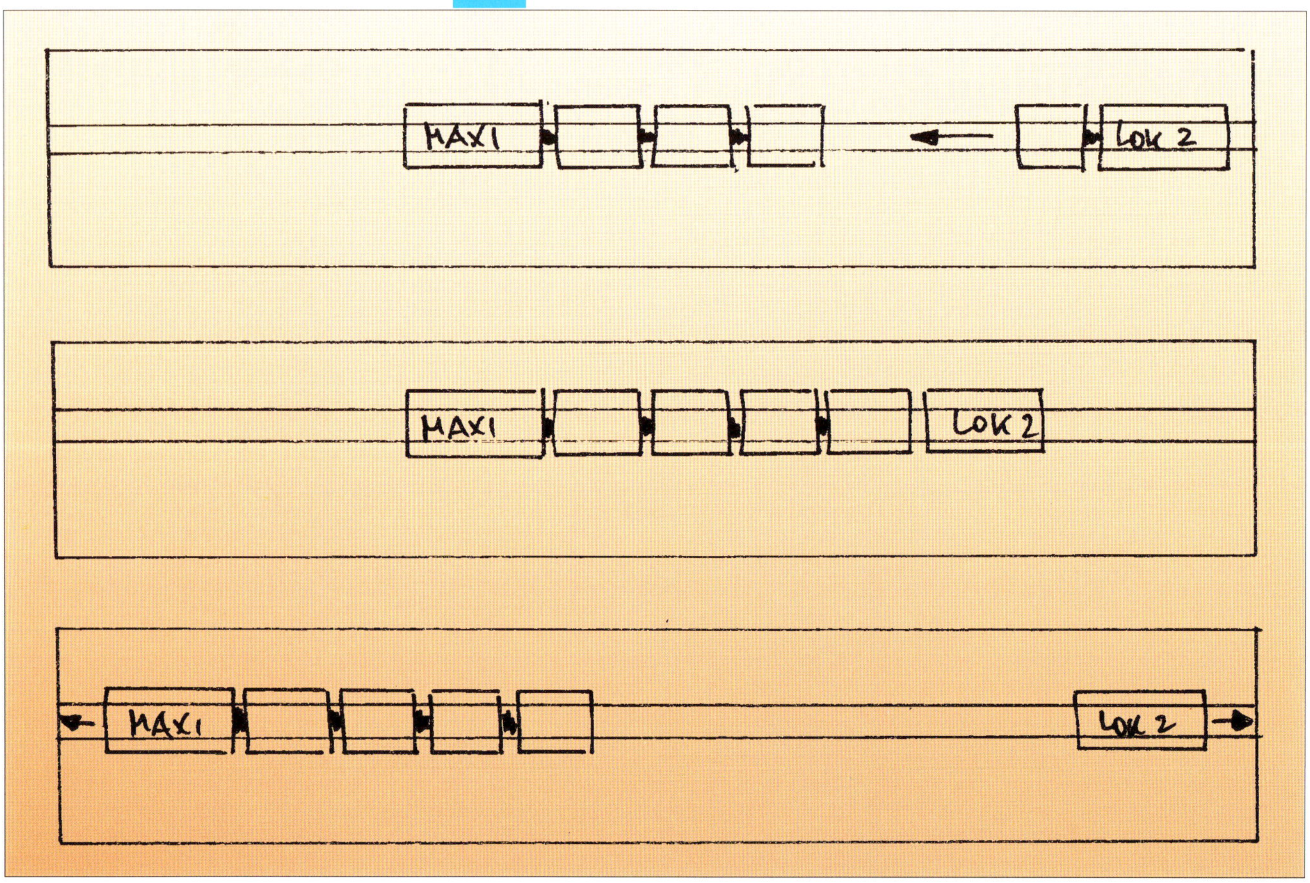

6021

6036

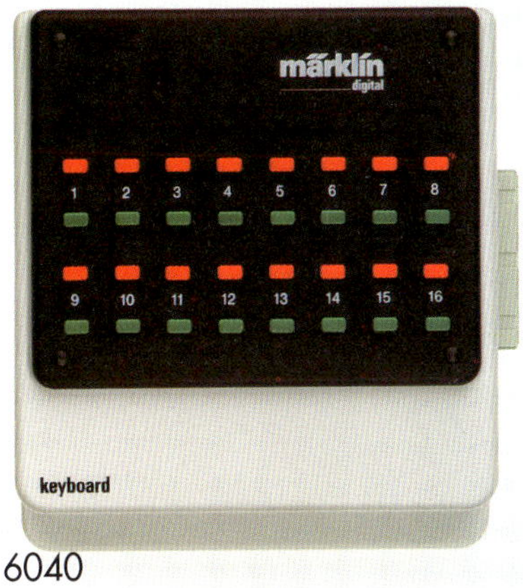

6040

6043

6051

6070

verlegten Schienen genutzt werden. Da das DELTA-System mit nur wenigen Kabeln für einen Mehrzugbetrieb auskommt, und die Schienen schnell zusammengesteckt und auch wieder abgebaut werden können, steht einem dauerhaften Fahrspaß an unterschiedlichen Orten nichts im Wege.

Digital

Das Digital-System beinhaltet alle Vorteile von DELTA und ist selbstverständlich mit DELTA kompatibel. Die Maxi-Loks fahren natürlich im Digital-System, Digital-Loks fahren mit DELTA. Digital erlaubt eine Kodierung von bis zu 80 verschiedenen Lokadressen, den Aufruf bestimmter Funktionen bei Digital-Loks (z.B. Dampf, Licht, Pfeife, Läutewerk, Pfiff) und folgende, zusätzliche Möglichkeiten:

- Steuerung über die Fahrpulte 6021/6036
- Weichen-/Signal-Stellung über das Keyboard 6040
- Einsatz des Infra-Control 6070/6071 (in der Funktion vergleichbar mit einer TV-Fernbedienung)
- Fahrstraßensteuerung mit dem Memory 6043
- Einrichtung eines Gleisbildstellwerkes über Switchboard 6041
- Computerverbindung über Interface 6051
- Erstellung eigener Gleispläne mit Digipet (modellplan).

6071

DAS ZUBEHÖRPROGRAMM

Maxi ist eine Bahn zum Spielen, zum Mitspielen, zum Mitmachen. Die Fahrzeuge, mit ihren vielfältigen Spielideen, fordern zum aktiven Tun und Handeln auf.

Die Gebäude

Sicherlich soll die Lok eine Heimat haben, der Zug nicht irgendwo stehen; Bausätze aus dem Spur 1-Programm sind aus wetterbeständigem Kunststoff gefertigt, leicht zusammenzukleben und geben der Maxi-Welt einen konkreten Inhalt. Alle Bausätze können auch draußen aufgestellt werden; speziell für die Maxi bietet sich auch das Märklin-Metallbaukasten-System an. Entsprechendes Baumaterial für kreatives Gestalten rund um die Maxi findet sich in jedem Grundkasten.

● Reiterstellwerk (Bausatz 5616): Dieser Bausatz paßt vorzüglich in die gute alte Dampflokzeit; typisch für die Bauausführung sind die Durchfahrt mit zwei Gleisen und das umfangreiche Hebelstellwerk im beleuchtbaren Innenraum (Grundfläche 41 x 24 cm).
● Lokomotivschuppen (Bausatz 5617): Vier bewegliche Tore, eine funktionierende Innenbeleuchtung und die Abstellmöglichkeit auf zwei parallelen Gleisen tragen vielerlei Aktivitäten Rechnung, wenn es gilt, Dampfloks bis zum nächsten Einsatz abzustellen. Lokomotivschuppen können bei entsprechendem Bedarf auch mehrfach hinter- und nebeneinander aufgebaut werden (Grundfläche: 62 x 48 cm).
● Dieseltankstelle (Bausatz 5621): Oberflächenmaßnahmen zum Schutz des Grundwassers vor Verunreinigung, vier Zapfsäulen für Heiz- und Dieselöl, vier Lagertanks und zwei Doppelleuchten geben das typische Erscheinungsbild einer Dieseltankstelle wieder (Grundfläche: 69 x 51 cm).
● Bekohlungsanlage (Bausatz 5618): Ein von Hand zu drehender Kran kann mittels zweier Kohlenwagen die Beladung der Dampflokomotiven aus dem doppelten Kohlenbunker vornehmen; die Kohlenwagen werden am Kran über eine Rolle mit Handkurbel nach oben oder unten bewegt (Grundfläche 40 x 18 cm).

Links unten: Reiterstellwerk
Oben: Lokomotivschuppen
Mitte: Dieseltankstelle
Unten: Bekohlungsanlage

Bahnhof „Altmühldorf“ mit Bahnsteigverlängerung
Unten: Vor- und Hauptsignal
Links: Bahnhof „Göpplingen“ (Piko-Modell)

Bahnhof Altmühldorf (Bausatz 5615): Das zweiteilige Gebäude ist sowohl für den Personen- als auch für den Güterverkehr gerüstet; eine Innenbeleuchtung kann eingebaut werden, die Gesamtlänge des mit vielfältigem Dekor-Zubehör ausgestatteten Bahnhofs kann durch den beigefügten Bahnsteig auf insgesamt 91 cm verlängert werden (Grundfläche 60 x 29 cm).

Signale

Um Zügen eine sichere Fahrt zu gewähren, bedarf es gewisser Regeln; diese Regeln werden dem jeweiligen Lokführer durch Signale mitgeteilt. Schon von weitem kann der Lokführer an Hand der Stellung der Signale die weiteren Fahrbefehle erkennen, nachts sind diese Signale beleuchtet. Vorsignale kündigen schon weit vor dem Hauptsignal dessen Befehlsstellung an; der Lokführer hat Zeit, sich darauf einzustellen.

Vorsignal (5614): Sieht der herannahende Lokführer die volle Scheibe (Vr0, unterstützt durch zwei gelbe Lichter), so bedeutet das für ihn: Das Hauptsignal steht auf Zughalt (Hp0). Der Zug muß bis zum Hauptsignal abgebremst sein. Ist die Scheibe flach zu sehen (Vr1, unterstützt durch zwei grüne Lichter), weiß der Lokführer, daß das Hauptsignal freie Fahrt (Hp1) gibt. Vorsignale dürfen überfahren werden.

Hauptsignal (5613): Flügelstellung waagerecht, unterstützt durch rotes Licht bedeutet: Zughalt (Hp0); Flügel in erhobener Stellung signalisiert in Verbindung mit grünem Licht: Fahrt (Hp1). Hauptsignale dürfen in Zughalt-Stellung (Hp0) nicht überfahren werden. Vor- und Hauptsignal sind mit elektrischem Antrieb ausgerüstet, die Farbe springt mit der Signalstellung um; zusätzlich verfügt das Hauptsignal, wie das Vorbild, über eine aktive Zugbeeinflussung. Ein Zug, der das Zughalt-Zeichen überfährt, wird zwangsgebremst.

Die Oberleitung

Nicht nur für den reinen Betrieb mit Elektro-Lokomotiven (Elloks) eignen sich Fahrleitungsmaste der Oberleitung; sie dienen neben der reinen Funktion (Entnahme des Fahrstroms aus den gespannten Fahrdrahtstücken durch die Panthografen) auch der Ästhetik. Nicht nur im musealen Bereich fahren auch Dampflokomotiven „unter Draht“. Die Fahrleitungsmasten gibt es in zwei Ausführungen:

- Regelfahrleitung Re 160 der Deutschen Bundesbahn (DB)
- Regelfahrleitung der Schweizerischen Bundesbahnen (SBB)

Die passenden Fahrdrahtstücke gibt es in den Längen 45 und 67 cm. Anschlußmasten (5631 für SBB / 5633 für DB) sorgen für eine sichere Stromzuführung in die Oberleitung, so daß in diesem Falle unabhängig mit zwei Triebfahrzeugen auf einem Gleis gefahren werden kann (die Dampflok nimmt den Strom über die Schiene auf, die Ellok hingegen über den Dachstromabnehmer).

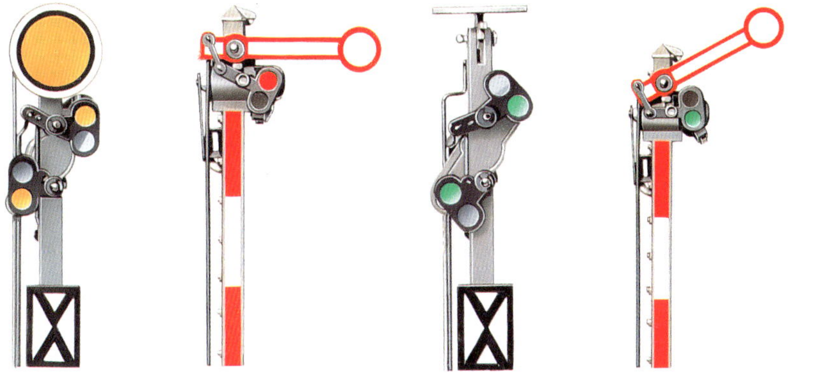

Die Signalstellungen bedeuten (v.l.n.r.): Vorsignal: Zughalt erwarten: Vr0 Hauptsignal: Zughalt Hp0 Vorsignal: Fahrt erwarten Vr1 Hauptsignal: Fahrt Hp1

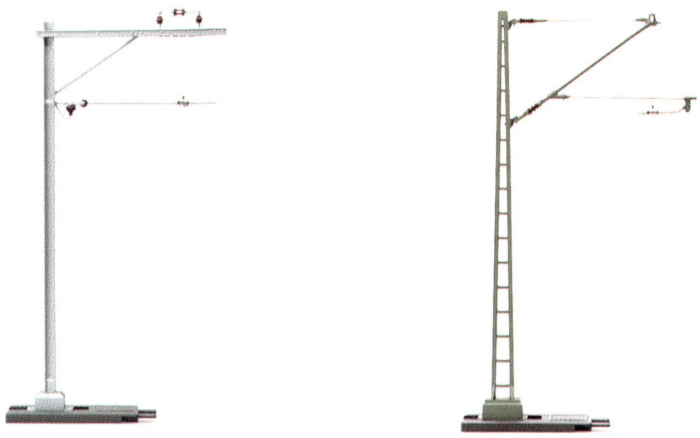

Signalmasten der SBB (links) und DB (rechts)
Fahrdrähte passend für SBB und DB

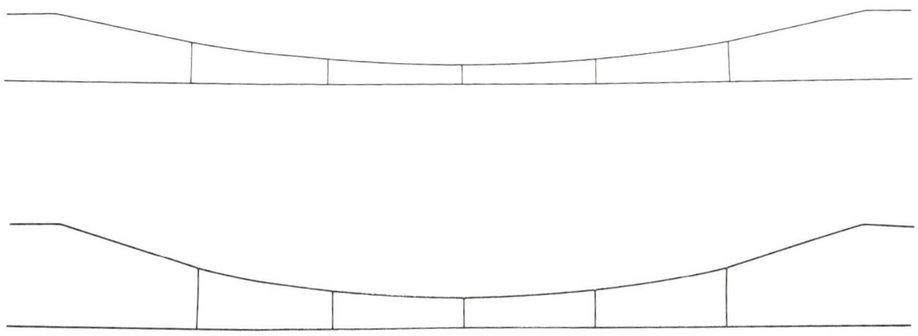

Mit dem Figuren-Set lassen sich romantische Szenen nachstellen.

Brücken und Figuren

1511: Themenkasten Spur 1-Güterwagen: Der Baukasten besteht aus einem Grundfahrgestell mit 2 Radsätzen, 2 Klauenkupplungen und 2 Puffern. Die Teile aus dem Metallbaukasten ermöglichen den wahlweisen Aufbau als Rungen- oder Kranwagen. Sämtliche Funktionen, wie Heben, Senken, Drehen, sind spielgerecht ausgeführt.

5629: Zwei verschiedene Grundformen von Brücken können mittels der beigefügten Teile aus dem Metallbaukasten konstruiert werden. 2 Gleise ermöglichen die Überbrückung auf einer Gesamtlänge von 64 cm.

5640: Das Set besteht aus insgesamt 10 unterschiedlichen Figuren, die farbig ausgeführt sind. Reisende und Bahnbedienstete eignen sich in besonderem Maße zur lebendigen Gestaltung der Maxi und der Spur 1.

Mit Figuren und der Brücke aus dem Metallbaukasten lassen sich nette Szenen gestalten. Mit dem „Themenkasten Spur 1-Güterwagen“ ergeben sich viele Spielmöglichkeiten.

DIE ELEKTRIK DER MAXI-EISENBAHN

Bevor der Spielspaß bei einer Modelleisenbahn beginnen kann, muß zuerst der elektrische Anschluß hergestellt werden. Die elektrische Leistung entnehmen wir dem Trafo, der Strom wird über die Gleise zur Lokomotive geführt.

Über eine Schiene wird der Strom vom Trafo zur Lokomotive geführt, während die andere Schiene den Strom von der Lokomotive zurück zum Trafo führt. Damit ist der Stromkreis geschlossen, der Motor kann arbeiten. An beiden Radseiten befinden sich Stromabnehmer, um den elektrischen Kontakt zwischen Schiene und Lokomotive sicherzustellen. Zusätzlich besitzt die Maxi Schienenschleifer. Maxi-Lokomotiven sind zum Betrieb mit Wechselspannung vorgesehen, als Stromversorgung für diese Betriebsart eignet sich z.B. der Fahrtransformator der Maxi-Startpackung. Wahlweise können die Lokomotiven auch mit Märklin DELTA oder Digital betrieben werden, mehrere Lokomotiven können dann unabhängig voneinander auf einem Stromkreis gesteuert werden (siehe Kapitel Steuerung). Durch Austausch der beigefügten Platine können Maxi-Loks auch mit einem Gleichstrom-Fahrgerät gefahren werden.

Anschluß der Maxi-Startpackung

Um einen funktionssicheren Aufbau zu garantieren, empfiehlt sich die Verwendung der beigefügten Gleisklammern. In der Startpackung enthalten ist die Gleisanschluß-Garnitur 5654; das rote Kabel wird auf der einen Schienenseite befestigt, das braune Kabel auf der gegenüberliegenden. Bei Verwendung mehrerer Stromeinspeisungen ist darauf zu achten, daß Kabel gleicher Farbe an der gleichen Schienenseite angeschlossen sind. Rotes Kabel an die äußere Schiene, braunes Kabel an die gegenüberliegende, Anschlußklemme zwischen Schiene und Schwelle einrasten, die Sicherungsschraube befestigen, Verbindung mit dem Trafo herstellen, fertig. Erst jetzt den Fahrtrafo mit der Steckdose verbinden. Vorteil: Eine Stromeinspeisung ist an jeder beliebigen Stelle möglich.

Je größer die Anlage, desto mehr Einspeisungen sind erforderlich; um eine gleichmäßige Strom-

Oben links: Anschlußklemmen-Garnitur
Oben rechts: Am Gleis angeschraubte Klemmen
Rechts: Anlöten der Anschlußklemmen

versorgung zu garantieren, wird alle 2 - 3 m (siehe Abbildung) eingespeist.

Ein wichtiger Hinweis: Der Fahrtransformator aus der Startpackung ist ausschließlich für den Gebrauch in trockenen, geschlossenen Räumen zugelassen. Wenn die MAXI-Anlage im Freien aufgebaut werden soll, so empfiehlt sich die Verwendung des Wechselspannungs-Fahrgeräts 6606, der DELTA station oder Märklin-Digital. Bei allen 3 Lösungen wird ein Transformator im Innenbereich aufgestellt, der die im Außenbereich befindlichen Steuergeräte versorgt. Diese sind vor Nässe zu schützen.

Unabhängiger Betrieb mehrerer Lokomotiven

Nach dem Erwerb der Grundpackung kommt in der Regel der Wunsch auf, mit mehreren Lokomotiven „Betrieb zu machen"; entweder teilt man die Anlage in mehrere Stromversorgungsabschnitte auf, die jeweils von einem eigenen Trafo versorgt werden. Oder man setzt das Märklin Mehrzugsystem ein.

Aufteilen der Anlage in Stromkreise

Bei dieser Methode werden genaugenommen mehrere Modellbahnanlagen nebeneinander aufgebaut, die jeweils von einem eigenen Fahrtransformator gesteuert werden. Würden Sie z.B. zwei Startpackungen nebeneinander aufbauen, so ist es sofort einsichtig, daß auf jeder der beiden Anlagen unabhängig voneinander eine Lo-

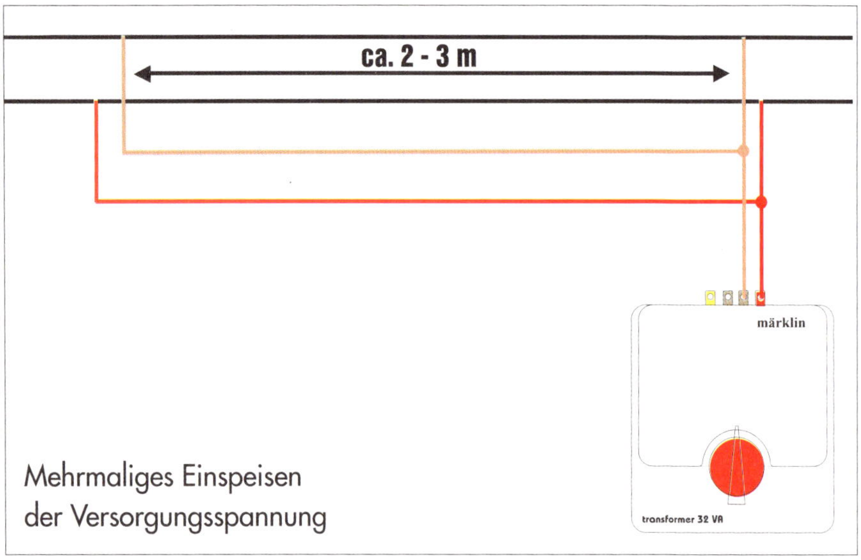

Mehrmaliges Einspeisen der Versorgungsspannung

komotive gesteuert werden kann. In der Praxis möchte man jedoch gerne die Möglichkeit haben, daß ein Zug von der einen zur anderen Anlage fahren kann. Da eine solche Verbindung entweder durch zwei Weichen oder ein Übergangsgleis geschieht, müssen wir nur dafür sorgen, daß eine Unterbrechung des elektrischen Stroms an der Übergangsstelle eingebaut ist. Dies kann entweder das Trenngleis (5905, Länge 80,4 mm) sein oder man ersetzt die elektrisch leitenden Schienenverbinder durch Isolierlaschen (5609). Dabei ist bei der Maxi-Bahn darauf zu achten, daß beide Schienen isoliert werden. Über die Schalter (7210, 7211, 7273, 7274) kann der Fahrstrom wahlweise an- bzw. abgeschaltet werden (Abstell- und Bereitstellungsgleise). Diese Schaltung erscheint allerdings nur bei einer festaufgebauten Anlage sinnvoll.

Das Märklin-Mehrzug-System

Eine Alternative zu den o.g. Möglichkeiten stellt das Märklin-Mehrzugsystem dar; zwei Pro-

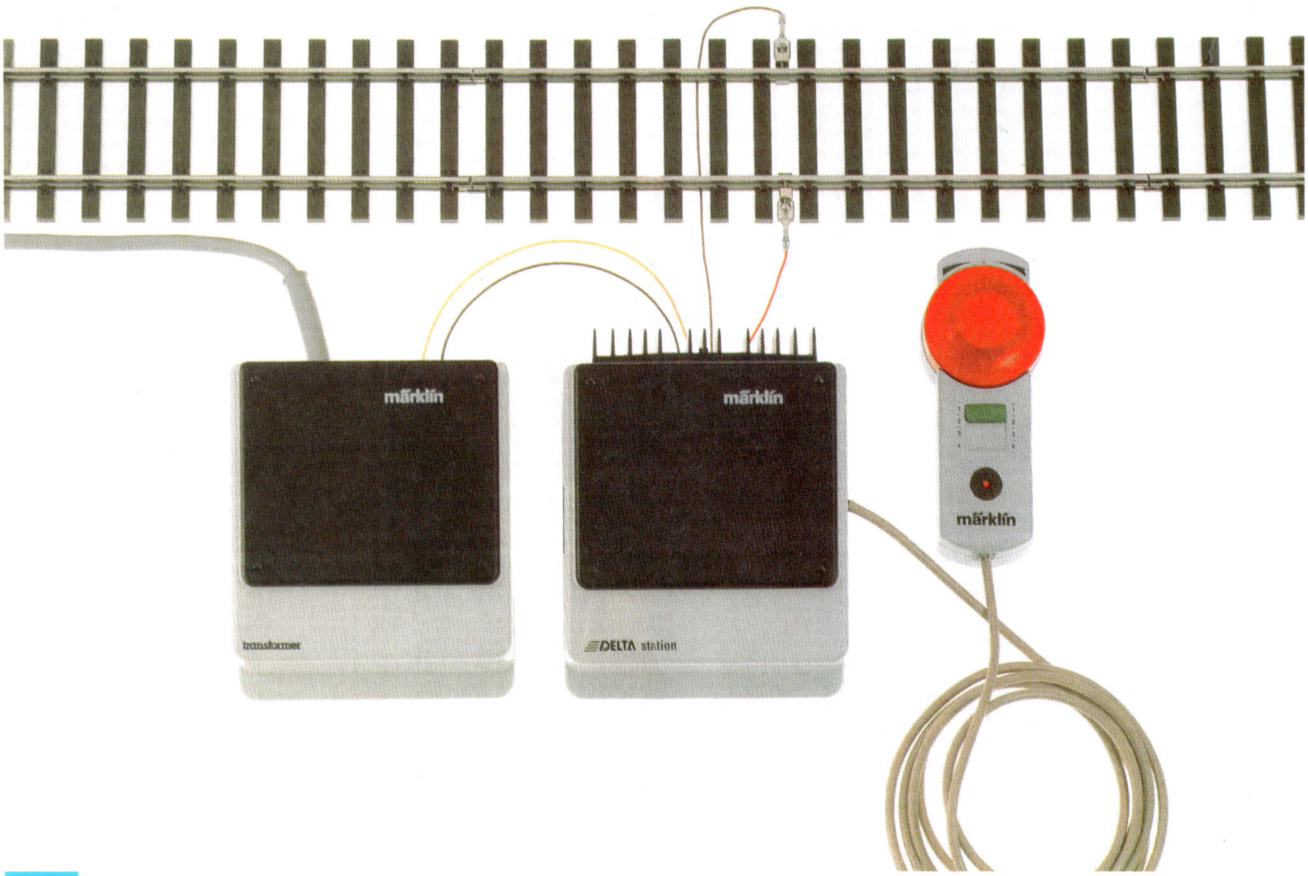

DELTA station mit angestecktem DELTA-Modul

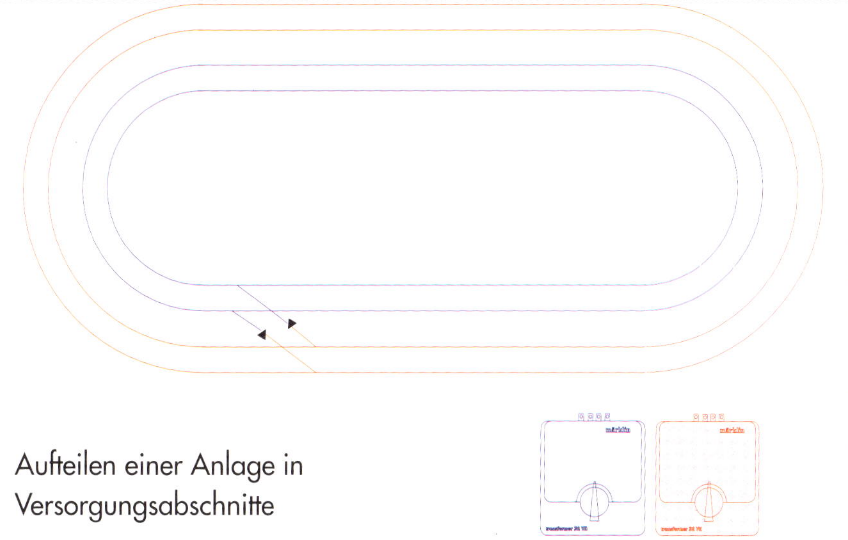

Aufteilen einer Anlage in Versorgungsabschnitte

duktlinien – Märklin Digital und Märklin DELTA – stehen zur Auswahl, sie sind kompatibel. Prinzipiell besteht jedes der aufgeführten Mehrzugsysteme aus Bedienelementen, einem Sender und Empfängern. Das Bedienelement wird z.B. zum Steuern der Lokomotive verwendet; der Sender verschlüsselt die Information so, daß nur der dazugehörige Empfänger auf diese Information reagiert.

Die Maxi-Lok wird werksseitig bereits mit einem Empfänger ausgeliefert; beim Märklin DELTA

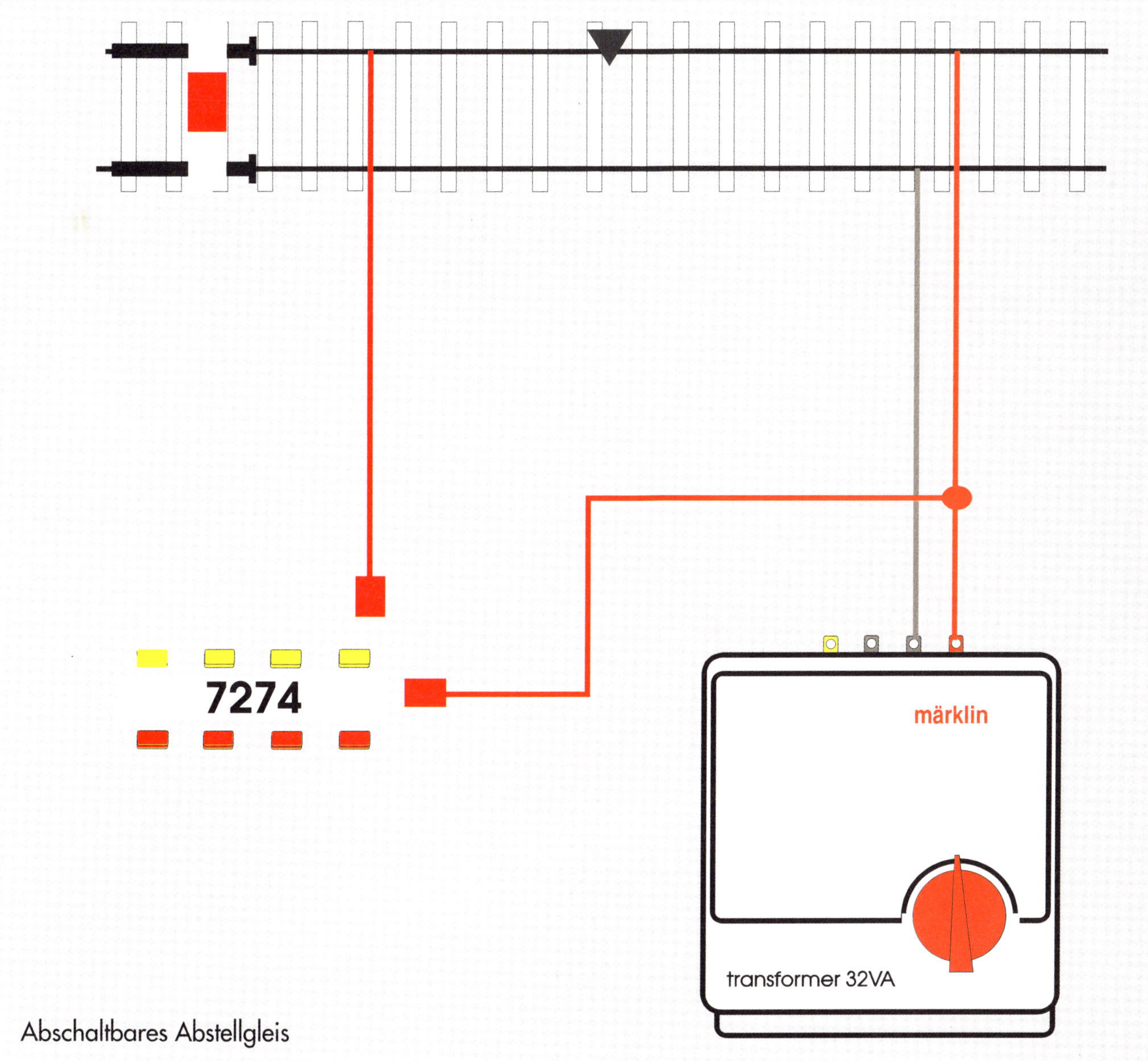

Abschaltbares Abstellgleis

wird der Sender DELTA station (6607) zusammen mit dem Handregler DELTA mobil angeboten. Die DELTA station wird zwischen dem Fahrtransformator und den Gleisen angeschlossen. Bei Freilandbetrieb verbleibt der Trafo im Innenbereich, die DELTA station und die Handregler können auch draußen verwendet werden.

Am Handregler DELTA mobil wird über einen Schiebeschalter eine der vier möglichen Delta-Adressen angewählt; jetzt reagiert nur noch die Lokomotive auf die Befehle, die den gleichen Code besitzt. Alle anderen Lokomotiven fahren mit ihrer bisherigen Fahrinformation weiter. Durch Drehen des roten Fahrreglers nach rechts setzt sich die Lokomotive in Bewegung. Je weiter nach rechts gedreht wird, umso schneller fährt die Lok. Durch Zurückdrehen des Fahrreglers in die Mittelstellung bremst die Lok bis zum Stillstand ab. Durch Drehen nach links wird die Fahrtrichtung verändert.

Bei Gefahr (z.B. drohender Zusammenstoß) kann durch Drücken der Nothalttaste sofort die gesamte Stromversorgung abgeschaltet werden. Nochmaliges Drücken setzt die Stromversorgung wieder in Gang. Bei Betrieb mit der DELTA station ist der Maxi-Lok aus der Startpackung eine Empfängeradresse zuzuteilen; dies geschieht durch die Schalter 1 bis 4 (siehe Hinweise in der Lokanleitung). Werksseitig ist die Lokomotive auf Wechselstrombetrieb (alle Schalter auf OFF) eingestellt.

Ein Ausbau der DELTA station ist bis zur Verwendung von insgesamt vier Handreglern möglich; das bedeutet, daß 4 Bediener 4 Lokomotiven unabhängig voneinander, zeitgleich steuern können. Alle Bediengeräte können auf die vier gleichen Adressen zurückgreifen. Der Fahrtransformator aus der Startpackung liefert eine maximale Ausgangsleistung von 30 VA; bei zusätzlichen Stromverbrauchern, wie z.B. Rauchgenerator oder Licht, empfiehlt sich der stärkere Transformer 6002 mit einer Gesamtleistung von 52 VA.

Anstelle des DELTA-Systems kann auch das Märklin Digital-System eingesetzt werden; das Digital-System ist im Prinzip der große Bruder des DELTA-Systems. Märklin-Digital kann bis zu 80 Lokomotivadressen unterscheiden. Dazu kommen Weichen- und Signalschaltungen, verschiedene Bedienelemente zum komfortablen Steuern von Lokomotiven und Weichen und die Steuerung über einen Computer. Das Digital-Buch (0308) bietet eine reiche Auswahl an Tips und Tricks zu Fragen rund um das Märklin-Digital-System.

Die Kehrschleife

Um bei einer Gleisfigur wie einer Kehrschleife einen Kurzschluß zu vermeiden, gibt es zwei Möglichkeiten:

1. Beim konventionellen Betrieb mit Fahrtransformator 6647 wird ein Teil der Kehrschleife auf beiden Schienenseiten isoliert (entweder mit den Trenngleisen 5905 oder durch die Verwendung von 4 Isolierlaschen 5609). Dieser isolierte Bereich wird über einen eigenen Fahrtransformator versorgt. Wichtig: Dieser zusätzliche Fahrtransformator darf keine weitere elektrische Verbindung zu irgendwelchen Gleisabschnitten oder Weichen besitzen.

Kehrschleifenschaltung mit separatem Fahrtransformator

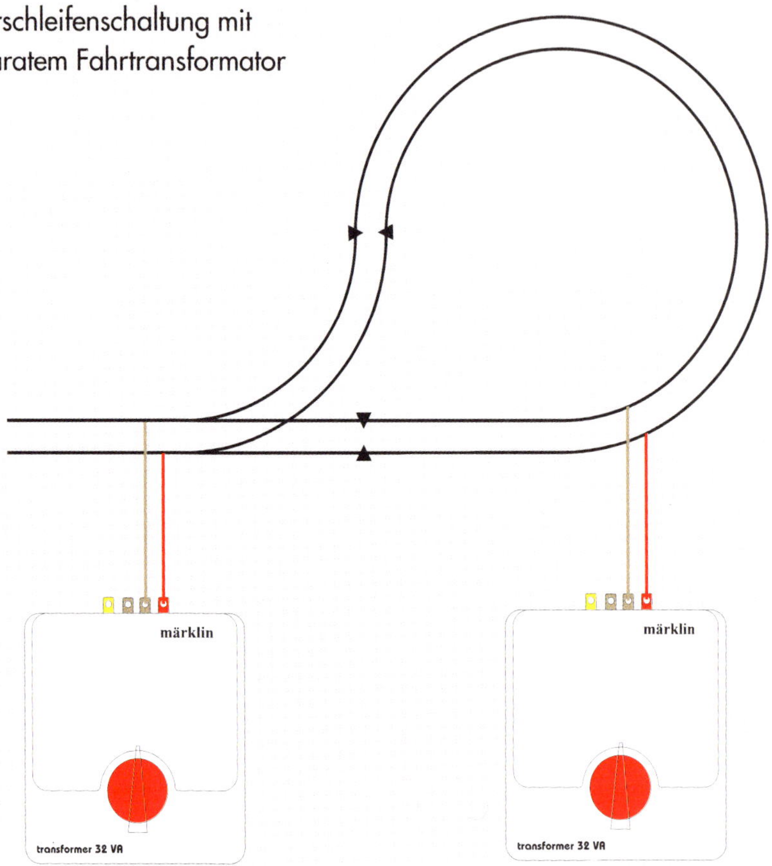

Kehrschleifenschaltung mit Universalfernschalter

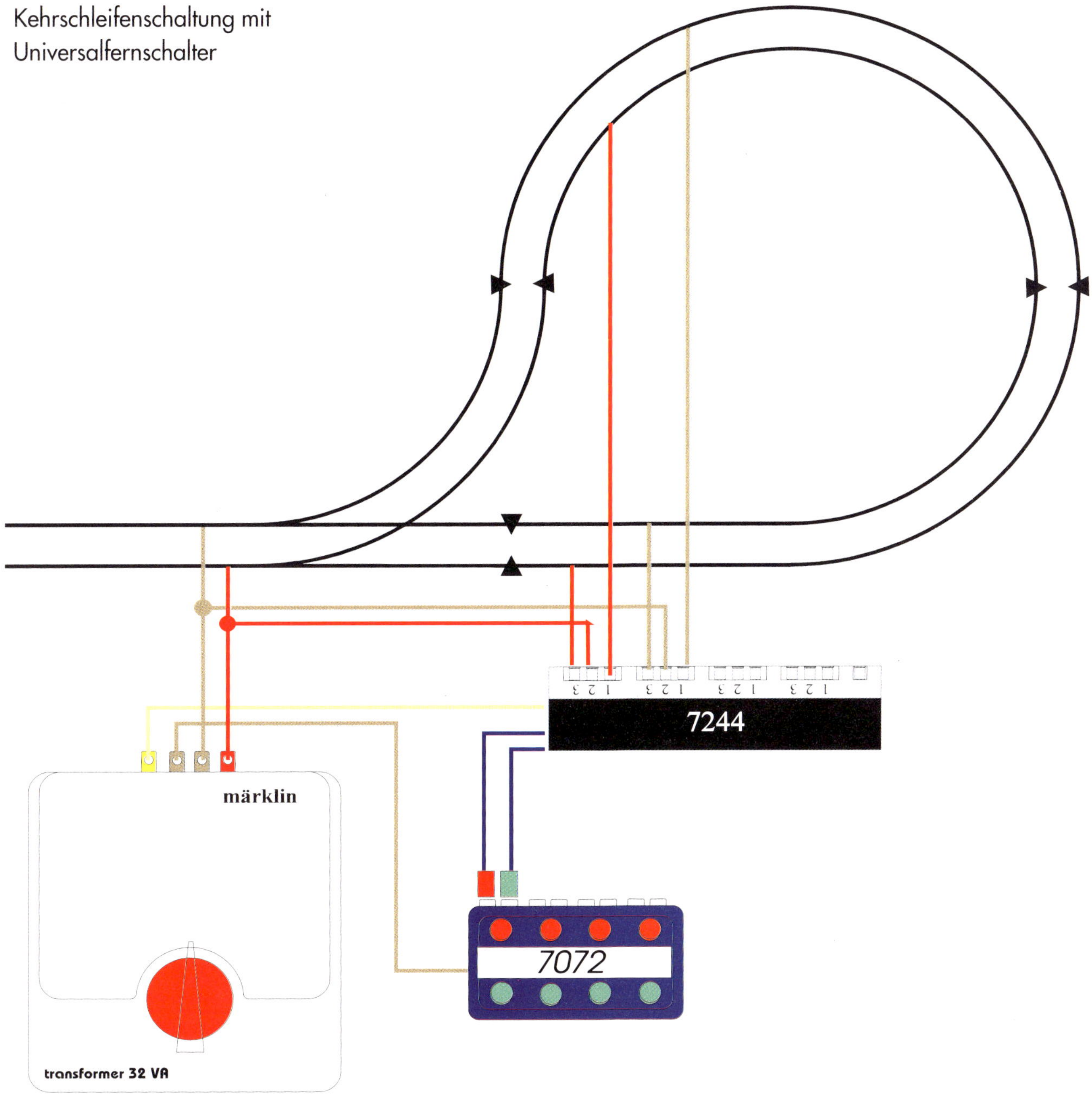

2. Beim Betrieb mit Wechselstrom – DELTA oder Digital – werden dabei 2 abgetrennte Bereiche mit 3 Trenngleisen oder 6 Isolierlaschen hergestellt. Über den Universalfernschalter (7244) werden die Bereiche nun alternativ mit jeweils entgegengesetzter Spannung versorgt. Die abgetrennten Abschnitte müssen mindestens die Länge des längsten eingesetzten Zuges besitzen.

Beim Befahren der Kehrschleife gibt es zwei unterschiedliche Situationen: Die erste Möglichkeit ist, daß der erste befahrene Trennabschnitt gerade über den Universalfernschalter versorgt wird. Der Zug fährt dann bis zum 2. Trennabschnitt und hält dort an. Wird nun der Universalfernschalter umgeschaltet, so wird der 2. Trennabschnitt versorgt und der Zug fährt problemlos weiter.

Die zweite Möglichkeit ist, daß der 1. Trennabschnitt nicht versorgt wird; dann muß zuerst der Universalfernschalter eingeschaltet werden, damit der Zug bis zum 2. Trennabschnitt fahren kann. Jetzt wird wiederum der Universalfernschalter umgeschaltet, die Lok kann die Kehrschleife verlassen.

Frank Mayer

1988
GUINNESS BUCH DER REKORDE
DAS NEUE
GUINNESS BUCH DER REKORDE
GUINNESS BUCH DER REKORDE 1995
DAS NEUE
GUINNESS
BUCH DER
REKORDE
GUINNESS BUCH DER REKORDE
94

märklin
1
Spiel...
Spaß...
Abenteuer!
5440

Ist die schwer, Mann …
… und das gehört wirklich alles dazu?

Seite 40/41: Spiel-Erlebnis Kinderzimmer, aufgebaut auf dem Fußboden, mit der Nase an den Schienen, Modellbahn pur!

Weißt Du, wie das zusammengehört?
Guck mal, das ist ja ganz einfach.

Spiel...
Spaß...
Abenteuer!
GUINNESS BUCH DER REKORDE
DAS NEUE
GUINNESS
BUCH DER
REKORDE
94

Der Aufbau der Maxi-Bahn gelingt schnell,
das System ist übersichtlich;
ob alleine ... zu zweit ... oder zu mehreren.
Maxi-Material satt!

Maxi hinterläßt immer eine gute Figur, ob als ortsfester Blickfang, oder als mobile Modellbahn. Auch auf dem Sims, auf dem Regal, oder an der Wand entlang …

ALOISIUS
G III

Selbstverständlich können die Schienen auch für den schnellen Auf- und Abbau lose auf Platten verlegt werden.
Vorteile: Ein rascher Um- bzw. Neubau ist in wenigen Minuten möglich. Korrekturen und Optimierungen sind sofort durchführbar.
Die Platten benötigen nach erfolgtem Spieleinsatz nur wenig Platz.

Die Platten aus verleimtem Holz werden nach entsprechendem Zuschnitt zusammengelegt, …

… ausgerichtet …

… und mit einer Leiste fixiert.

Die Gebäudeumrisse können durch Ausprobieren positioniert werden, …
… bevor dann die Schienen zur gewünschten Gleisfiguration zusammengesteckt werden.

Die zusammengebauten Gebäude können im nächsten Schritt provisorisch aufgestellt, … … an neuen Stellen ausprobiert (unten) … und nach abschließender Überprüfung positioniert werden. Eine erneute, optimalere Aufstellung der Gebäude ist jederzeit und sofort möglich.

märklin
CHARLOTTE
HORNETS

Der Übergang von den Platten zum Boden kann z.B. mit den fertigen Gleisbettungen von Merkur ausgeführt werden. Die Bettungskörper werden eingebaut …

… für eine Probefahrt vorbereitet …

… und unter realen Betriebsbedingungen mit einer Maxi-Lokomotive auf sichere Funktion überprüft.

So entsteht binnen Minuten auf dem Boden eines Zimmers eine kleine Bahnwelt, die zum Spielen einlädt: rangieren, ab- und ankuppeln, Wagen verschieben, neue Züge zusammenstellen, auf- und abladen …

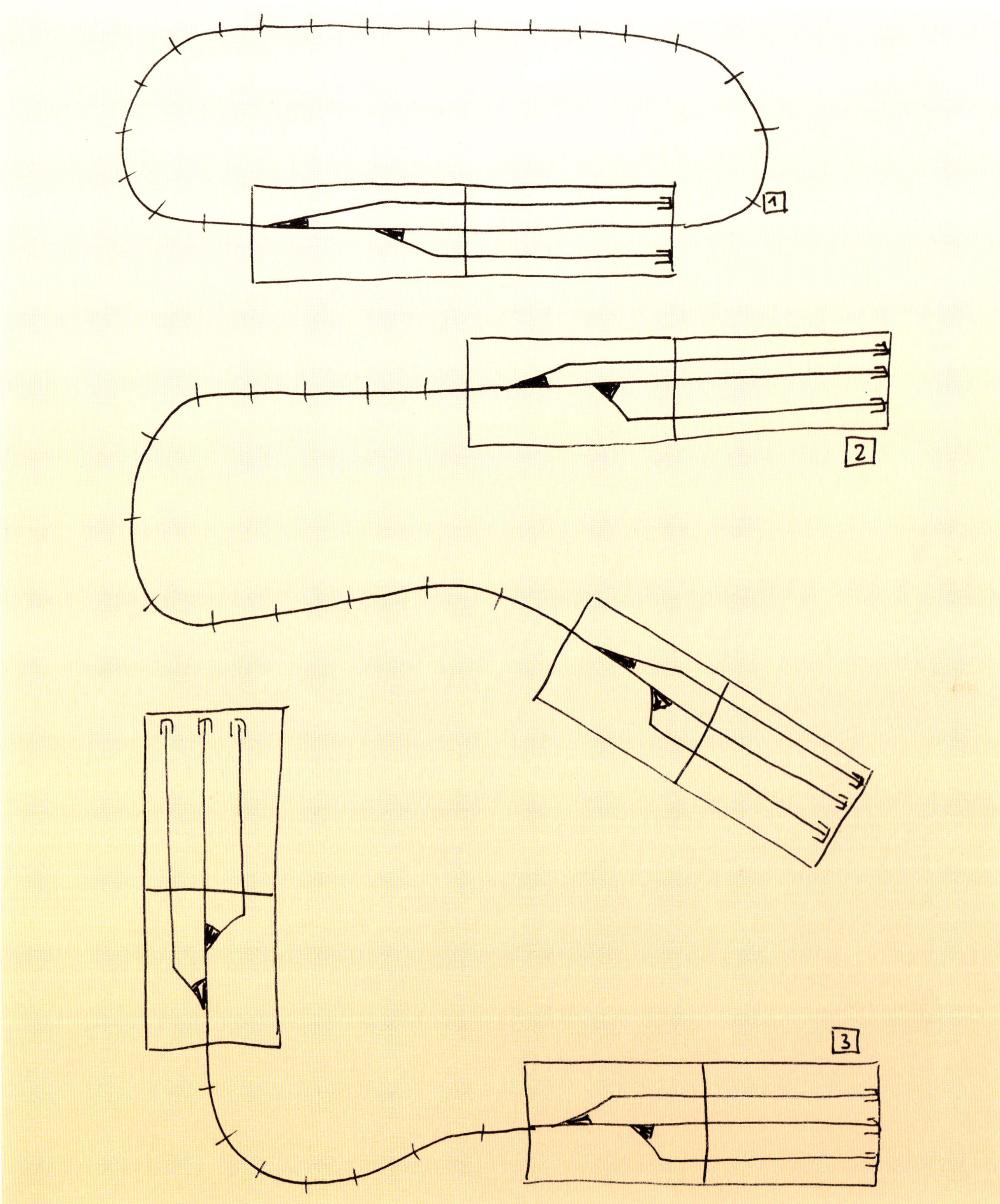

Segment und Rahmenstücke mit genormten Übergängen, die sich untereinander beliebig verbinden lassen. Aufgrund ihrer stabilen Ausführung (Unterkonstruktion) können sie selbsttragend auf Böcken aufgebaut werden. Die Gleisplanskizzen zeigen Beispiele für die vielfältigen Einsatzmöglichkeiten von Segmenten; sie eignen sich sowohl für den traditionellen Kreisverkehr (1) als auch für das Fahren von einem Bahnhof zum anderen (2) und (3).

Die beiden Segmente werden aneinander geschoben, ...

... mit 2 Schraubverbindungen gesichert, ...

... fertig!

Der Aufbau ist in Sekundenschnelle realisiert, der Spielspaß kann sofort beginnen. Geeignet für den Betrieb drinnen und draußen.

BENETTON
T3

Bei Festanlagen (feste Verbindung zwischen Schiene und Anlagenuntergrund) werden auch die Fahrwege der Züge gerne bis ins Detail nachempfunden. Bereits vorgefertigte Schotterbetten (Merkur) eignen sich genauso …
… wie die zeitintensivere Schotter-in-Leim-Methode (Wasser, Weißleim und als Fließverbesserer etwas Spülmittel).

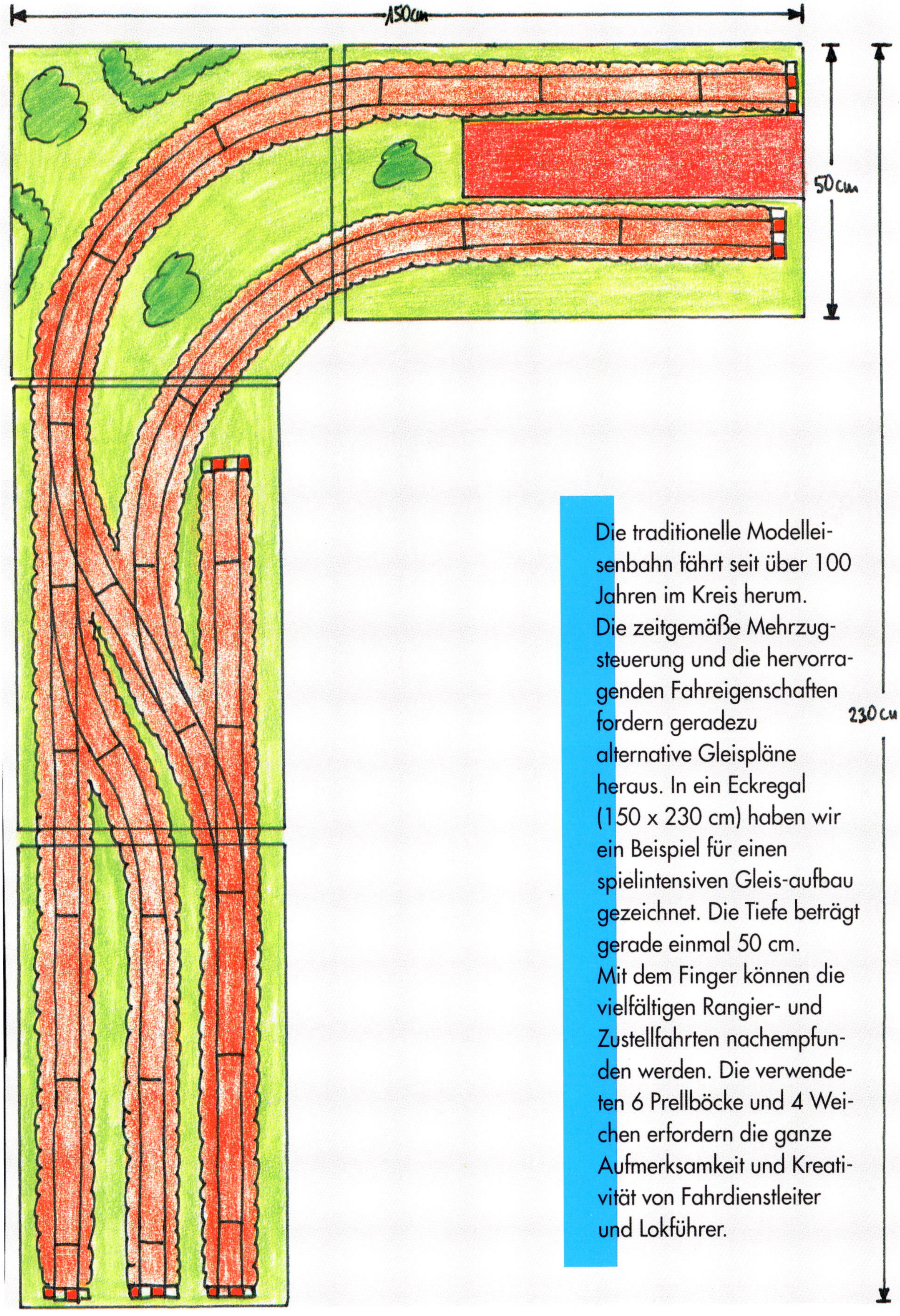

Die traditionelle Modelleisenbahn fährt seit über 100 Jahren im Kreis herum.
Die zeitgemäße Mehrzugsteuerung und die hervorragenden Fahreigenschaften fordern geradezu alternative Gleispläne heraus. In ein Eckregal (150 x 230 cm) haben wir ein Beispiel für einen spielintensiven Gleis-aufbau gezeichnet. Die Tiefe beträgt gerade einmal 50 cm.
Mit dem Finger können die vielfältigen Rangier- und Zustellfahrten nachempfunden werden. Die verwendeten 6 Prellböcke und 4 Weichen erfordern die ganze Aufmerksamkeit und Kreativität von Fahrdienstleiter und Lokführer.

Heilbronn
Württemberg
11264 X

Seiten 62/63: Auch auf engstem Raum lassen sich vorbildgetreue Schienenwege und eine der Natur abgeschaute Landschaftsgestaltung mit der Maxi realisieren.

Seiten 64/65: Maxi auf dem Boden, auf dem Sims, auf Platten und auf Segmenten. Maxi für drinnen und draußen.

Nachfolgendes Beispiel dokumentiert, daß es auch beim traditionellen Kreisverkehr möglich ist, ungewöhnliche Wege beim Anlagenbau zu beschreiten.

Vier unabhängige Gleistrassen, achteckige Anlagenform, transportable Einheiten.
Seiten 66/67: Der Rohbau gibt einen informativen Einblick in die gewählte Bautechnik:

- Segmente in Kastenbauweise;
- individuelle Trassenführung für die Gleise;
- Landschaftsgestaltung aus formbarem Fliegendraht;
- Behandlung mit bereits gefärbtem Füllspachtel;
- Verwendung von gesammelten Naturmaterialien.

Seite 68: Die Verwendung von Materialien aus der Natur führt zu einer harmonischen Verbindung von Landschaft und Modellbahn.

Die Gleistrassen sind ausgesägt worden. Alle 30–40 cm sorgen entsprechend abgelängte Stützen für die gewünschten, unterschiedlichen Höhen.

Ausgiebige Probefahrten dienen zur Überprüfung der Fahrsicherheit; etwaige Unzulänglichkeiten können jetzt noch problemlos abgestellt werden.

Die aus dem Märklin-Metallbaukasten-System gebauten Brücken sind eingepaßt ...

... der Rohbau der Geländekonstruktion schreitet fort ...

... der Fliegendraht läßt die Oberfläche der Landschaft erkennen. Probefahrten helfen, etwaige Fehler (z.B. im Lichtraumprofil) sofort zu erkennen und zu beheben.

Die Gleistrassen werden entsprechend dem gewünschten Gleisverlauf zugeschnitten und mit Styropor aufgefüttert, …
… die Stromführungskabel werden angeschraubt oder angelötet, und dann nach unten durchgeführt (Seite 73 oben).

Probefahrten geben Auskunft über eine gleichmäßige Stromzufuhr und sauber verlegte Gleise, …
… erst zu diesem Zeitpunkt erfolgt die Schotterung und farbliche Gestaltung der Schienenwege, …
… bis schließlich der dem Vorbild nachempfundene Schienenweg befahren wird.

Baumaterialien aus der Natur eignen sich in besonderem Maße für die landschaftliche Gestaltung einer Maxi-Anlage; Äste, Sträucher und Wurzeln erscheinen im Maßstab 1:32 wie Bäume. Die Farben der Naturmaterialien sind zart und warm.

Die Naturmaterialien werden nach dem Trocknen gesichtet und für ihre Verwendung ausgewählt, …

… nach Auftragen einer satten Weißleimschicht können bodenähnliche Strukturen aufgebracht und in der gewünschten Position geformt werden. In die noch feuchte Spachtelmasse können Felselemente zur realistischen Nachbildung eingebettet werden.

Letzte Korrekturen am Felsimitat sind möglich …
Abtönfarbe wird mit der Spachtelmasse vermengt …
… der Übergang von Fels und Boden wird harmonisch ausgeführt.

Die Ausgestaltung der Landschaft bedarf zunächst einiger Stabilisierungs-elemente, …
… die mittels Querhölzer gestützt …
… und fixiert werden müssen.

Wenn das Lichtraumprofil unter …
… und auf den Brücken ausreichend dimensioniert ist, …
… kann der Betrieb störungsfrei aufgenommen werden.

Zu einer Modelleisenbahn gehören neben der Landschaft und den Gleisen mit den darüber rollenden Zügen auch die Gebäude. Dort wohnen und arbeiten unsere Modellmenschen.
Bereits im 1. Teil haben wir Bausätze vorgestellt, die zur Ausstattung einer Maxi-Bahn geeignet sind.
Darüberhinaus gestattet es der Maßstab von 1:32, Gebäude nach eigenen, individuellen Vorstellungen anzufertigen.

Im Maßstab 1 : 1 wird eine exakte Zeichnung aller benötigten Teile angefertigt; ...

... diese werden nach der vorliegenden Skizze hergestellt.

Meist sind mehrere Stellproben erforderlich, um den optimalen Standort für das Gebäude festzulegen.

Eine Putzimitation kann durch Auftragen von Spachtelmasse erzielt werden. Probeweise wird das farblich behandelte Gebäude in die gewünschte Umgebung gesetzt …

… und in der optimalen Position fixiert.

Wie im Leben so lebt auch die Modelleisenbahn von den vielen kleinen Geschichten, die zusammen eine Atmosphäre widerspiegeln. Viele kleine Begebenheiten erzählen dem Betrachter eine Geschichte.

Kleine, selbsthergestellte Holzstapel gehören ebenso dazu, wie …
… Tische und Bänke für den Ruhe suchenden Wanderer.

Baumaterialien aus der Natur und aus dem Märklin-Metallbaukasten-System finden Verwendung.

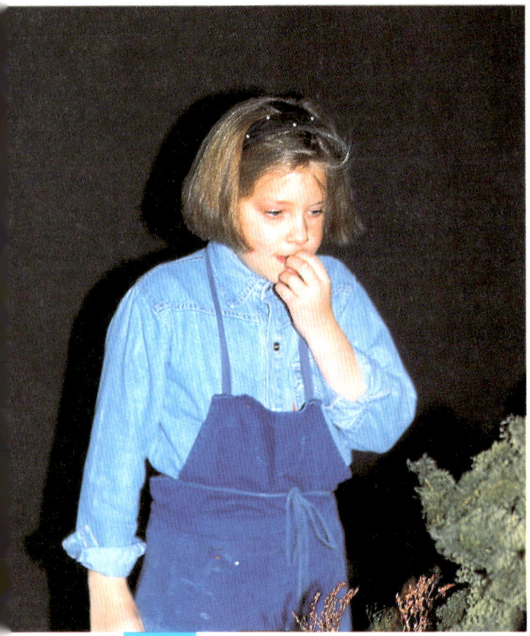

Ob ich das wohl auch kann?
Ich versuch´es doch einfach ´mal ...

… na bitte, wer sagt´s denn …
… und jetzt bin ich am Zug!

Eine kleine Verschnaufpause, und dann geht es weiter.
Selbst der Hochsitz ist besetzt.
Spaziergänger legen unmittelbar neben der Bahnstrecke eine kurze Rast ein.

In der kleinen Bahnstation erwarten die Bahnbeamten und eine kleine Anzahl von Reisenden den bereits lautstark angekündigten Zug. Während die Rangiereinheit noch mit dem Abtransport von gefällten Baumstämmen beschäftigt ist, nähert sich, Schornstein voran, der angekündigte Zug unserer kleinen Bahnstation. Die Windmühle entstand im Eigenbau.

T3

Seiten 92/93: Wir beenden unseren kleinen Rundgang mit einem Blick auf die nun fertiggestellte Anlage; äußerst harmonisch sind die Bereiche Technik und Natur miteinander verbunden.

Ein arbeitsreicher Tag geht zu Ende. Während am Holzstapel noch letzte Hand angelegt wird, versammelt sich eine andere Gruppe, um gemeinsam zu essen.
Im Hintergrund steht eine Maxi-Lokomotive unter Dampf; sie wartet bereits mit eingeschaltetem Licht darauf, die gesamte Belegschaft in den benachbarten Bahnhof zurück zu bringen.

Grundsätzlich unterscheidet sich ein Aufbau einer Modelleisenbahn im Außenbereich deutlich vom Aufbau innen; der gesamte Fahrweg unterliegt einer wesentlich größeren Verschmutzung und Beanspruchung durch Luft, Feuchtigkeit und Temperatur.
Da der Strom ausschließlich über die sich berührenden Punkte (Schiene, Lokräder) zum Motor gelangt, sind saubere Schienen und gereinigte Räder der Garant für störungsfreies Spielvergnügen.
Andererseits gibt es vielfältige Möglichkeiten, mit der Maxi-Modellbahn draußen zu spielen, ohne das gesamte Material ständig den außerhäusigen Witterungseinflüssen auszusetzen. Bitte immer beachten: Der Trafo muß immer innen bleiben!

ALOISIUS

Einfacher Aufbau, unkomplizierter Spielspaß. Justus und seine beiden Freunde haben sich hinter der Wiese eine sonnige Stelle ausgesucht.
Schnell werden die stabilen Transport-Kartons abgestellt, ...

... der gesamte Inhalt ausgepackt, ...

... das Schienenoval zusammengesteckt ...

... und schon geht´s los!

Auf festem Untergrund gibt die Maxi draußen immer eine gute Figur ab; lose verlegte Schienen auf einer Steinplatte …
… oder einer Mauer. Die Maxi fühlt sich draußen in ihrem Element.

MAXI

Maxi und die Schildkröte! Solange der Rasen nicht zu hoch ist, gibt es keine Probleme: der Trafo bleibt im Haus, die Maxi kommt raus auf die Wiese.

Kiste auspacken, Trafo ins Haus, Schienen zusammenstecken, auf die Plätze, fertig, los!
Wer wie die Maxi draußen fährt, muß besonders aufmerksam sein. Da hat sich doch tatsächlich Stefans Schildkröte auf die Schienen geschlichen.
Die Maxi bremst auch für Tiere!
Seiten 106/107:
Wasser, Pflanzen, blauer Himmel und Maxi.
Nicht nur im Spiegelbild des romantischen Baches hinterläßt die Maxi einen „glänzenden Eindruck".

Die bereits beschriebene Plattenbauweise läßt sich natürlich auch draußen anwenden: Hier sind die Kinder gerade dabei, die Gleispläne und Bauhinweise für die Gebäude zu studieren. Bei etwas komplizierten Aufgaben darf dann auch der Vater mithelfen.

Während Justus die Stellhebel im Reiterstellwerk einpaßt, …
… wird Vaters ruhige Hand für das Anbringen des Daches gerne in Anspruch genommen.

Der Übergang von der Platte zum Boden wird, wie bereits zuvor beschrieben, mittels der Schotterbetten von Merkur bewerkstelligt.
Auf einem langen Holzbrett überquert der Maxi-Zug den im Vergleich riesig erscheinenden See.

Unsere Maxi-Lok schiebt einen mit einem Unimog beladenen Flachwagen über die Brücke. Plötzlich entgleist der Wagen, …

… kippt mitsamt seinem Ladegut von der Brücke und verschwindet im See.

Wagen ´rausfischen, abtrocknen und ankuppeln: Schon kann´s weitergehen.

Auch für den zeitlich begrenzten Außenaufbau eignen sich Segmente im besonderen Maße. Handlichkeit, schneller Auf- und Abbau, Spielspaß im Handumdrehen: Das sind die Vorzüge der Segmente.

MAX

Die Anlage ist fertig aufgebaut, die Fahrzeuge warten auf ihren Einsatz.
Ach, zeig doch mal, wie funktioniert das denn?

Überhaupt kein Problem, so mußt Du drehen …
… das ist ja wirklich kinderleicht!

So, jetzt können wir endlich anfangen. Lade doch schon mal die Becher auf!

Hoffentlich geht das gut!

Es kann losgehen, die Lok ist abgekuppelt.

Ich habe Dir die Weiche schon gestellt, Du kannst den Personenwagen abholen.
Fahr´ bloß vorsichtig ran, denk an die Becher!

Ich habe so ein komisches Gefühl …
… Oh weia, ich habe es mir ja gleich gedacht …
… We are the champions!

BASIC
SPORTS

Wer hat diesen Traum noch nicht geträumt: Man sitzt an einem warmen Sommertag im Schatten des Gartens und trinkt eine Tasse Kaffee. Plötzlich wird das Vogelgezwitscher durch ein mechanisches Geräusch unterbrochen;
aus dem Schornstein mächtige Dampfwolken abblasend, zieht eine Modell-Dampflok mit einer bunten Wagenreihe am Betrachter vorbei. In einer eleganten Kurve entzieht sie sich unseren Blicken.
Im selben Augenblick setzt sich eine zweite Maschine in Bewegung, unterfährt das Reiterstellwerk und entfernt sich in entgegengesetzter Richtung.
Traum oder Wirklichkeit?

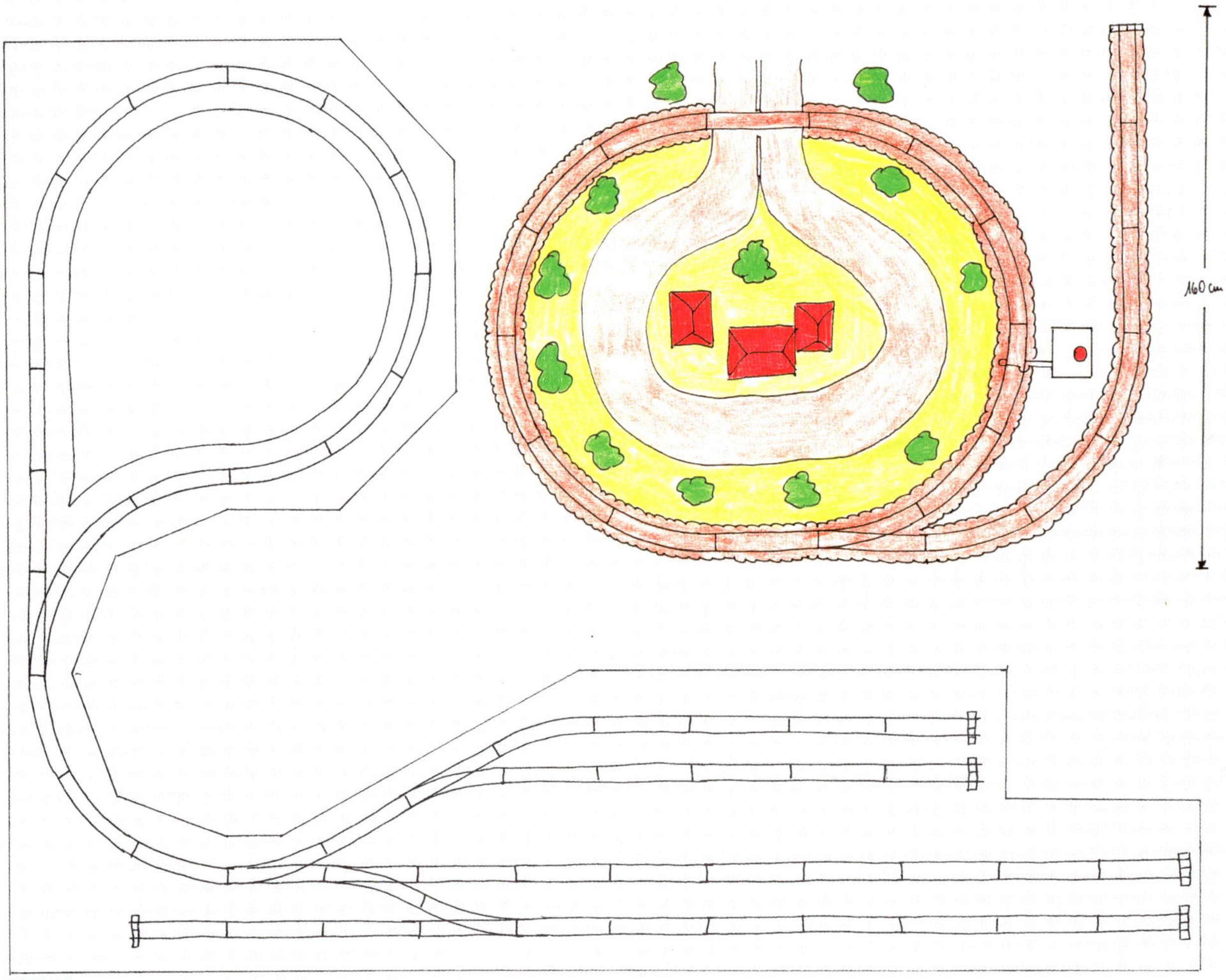

Diese einfachen Handskizzen zeigen Möglichkeiten für den Aufbau der Anlagen aus den Kapiteln „Mobiler Aufbau". Sie sind für „Drinnen und Draußen" geeignet.

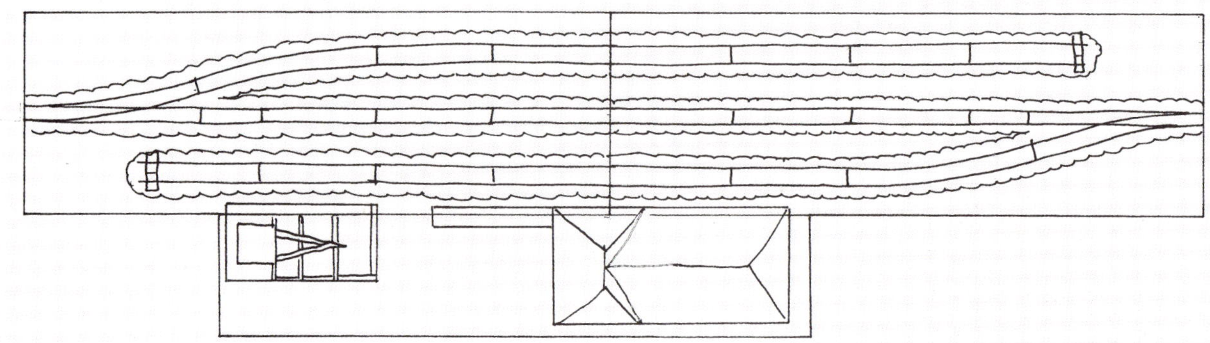

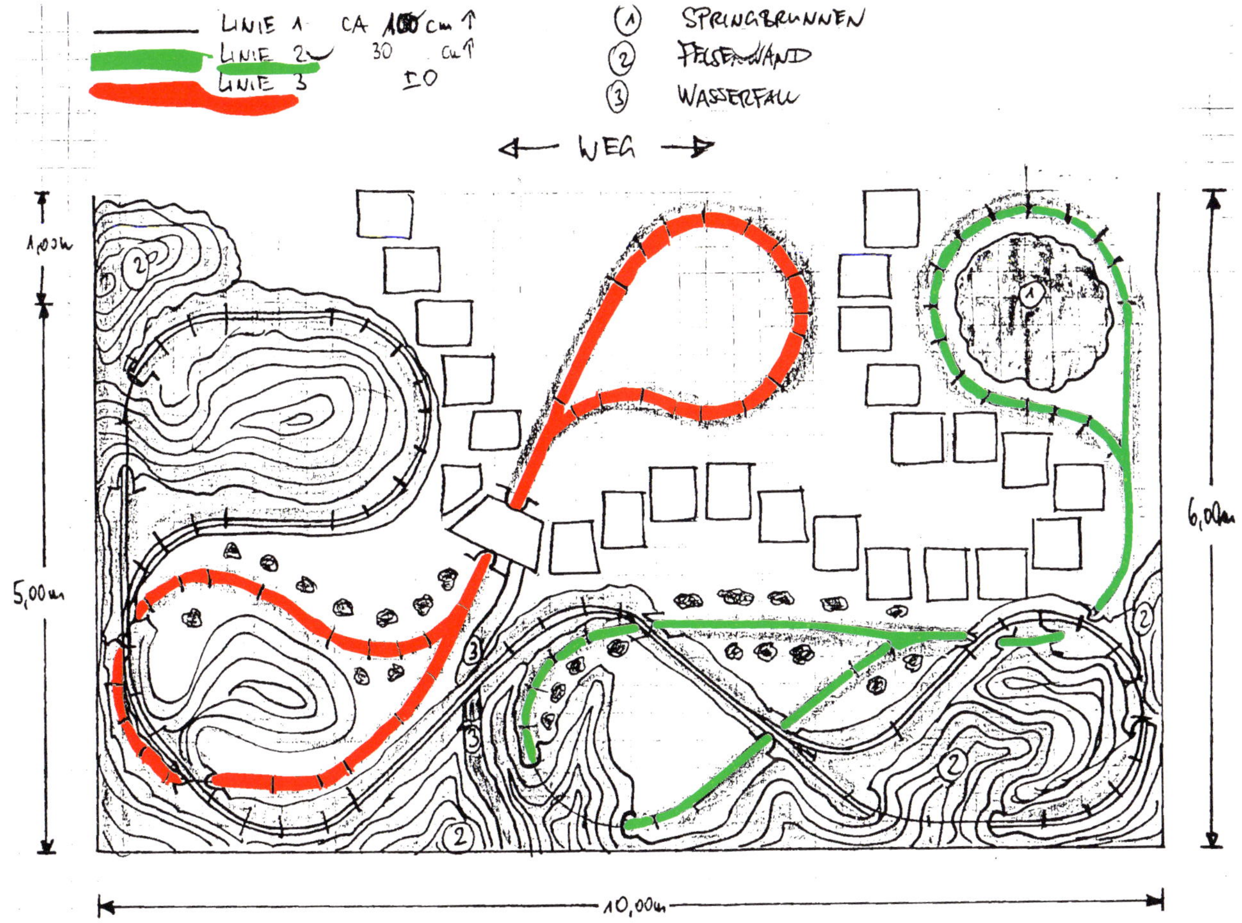

Ein kleines Stückchen Erde ist noch frei, so ungefähr 6 x 11 Meter groß; Sandboden. Mitten in einem Gartencenter.

„... kannst du dir nicht mal Gedanken machen, ich denke da an eine Modellbahn. Sieht doch bestimmt süß aus, so mitten zwischen den Blümchen, Sträuchern und Pflanzen."

Die erste Skizze, paßt alles nicht zusammen, gleich wieder verworfen. Noch einmal die Grundfläche vermessen.

„...und mindestens drei Züge müssen da fahren ..."

Also wenn schon, denn schon. Dann muß auch noch ein See sein, und natürlich fließendes Wasser, besser noch ein Wasserfall.

Und Brücken, riesige Brücken.

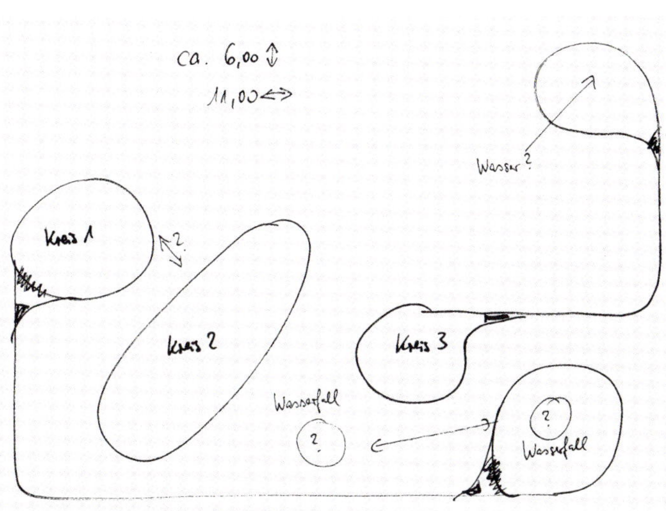

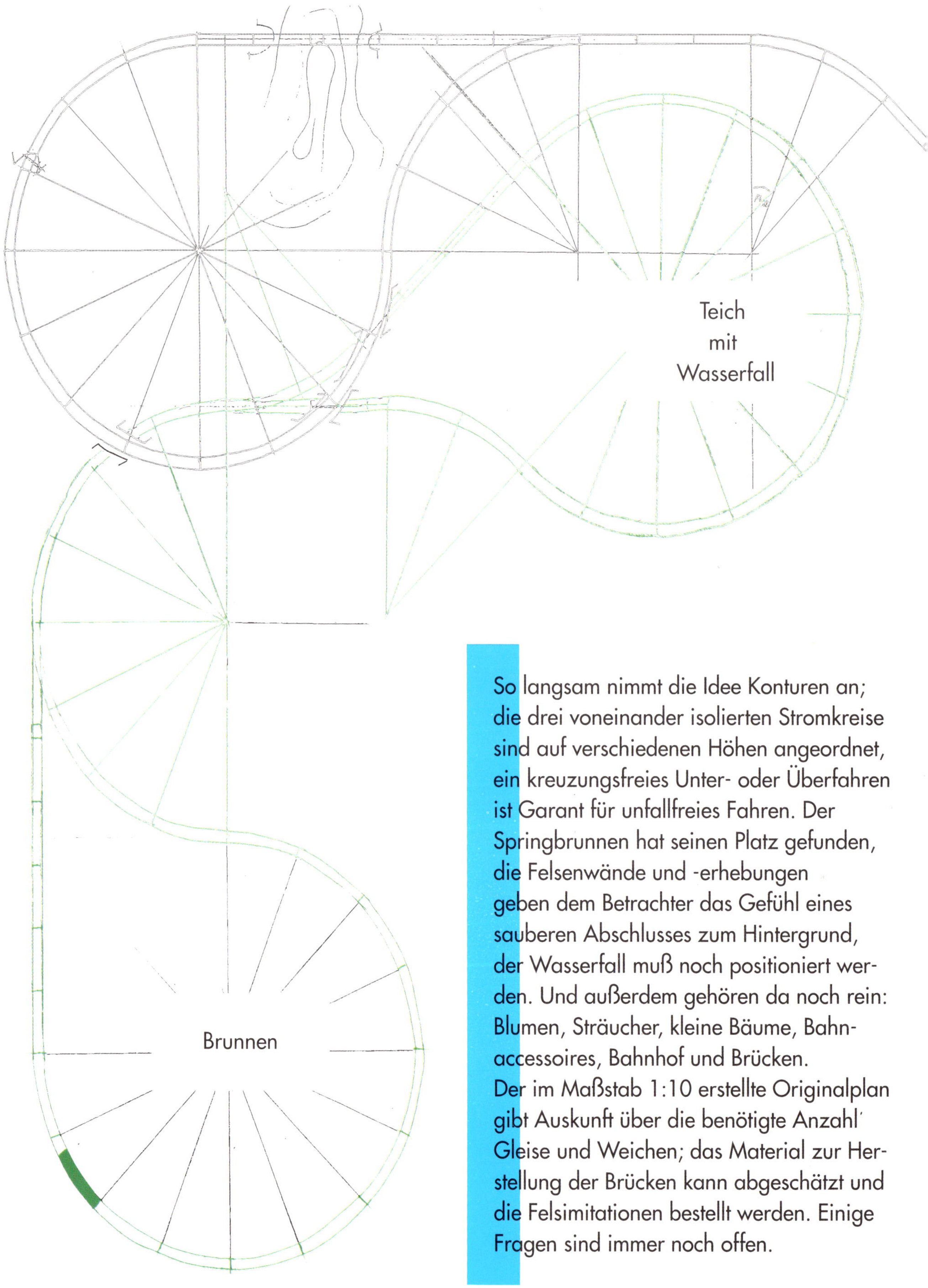

So langsam nimmt die Idee Konturen an; die drei voneinander isolierten Stromkreise sind auf verschiedenen Höhen angeordnet, ein kreuzungsfreies Unter- oder Überfahren ist Garant für unfallfreies Fahren. Der Springbrunnen hat seinen Platz gefunden, die Felsenwände und -erhebungen geben dem Betrachter das Gefühl eines sauberen Abschlusses zum Hintergrund, der Wasserfall muß noch positioniert werden. Und außerdem gehören da noch rein: Blumen, Sträucher, kleine Bäume, Bahnaccessoires, Bahnhof und Brücken.
Der im Maßstab 1:10 erstellte Originalplan gibt Auskunft über die benötigte Anzahl Gleise und Weichen; das Material zur Herstellung der Brücken kann abgeschätzt und die Felsimitationen bestellt werden. Einige Fragen sind immer noch offen.

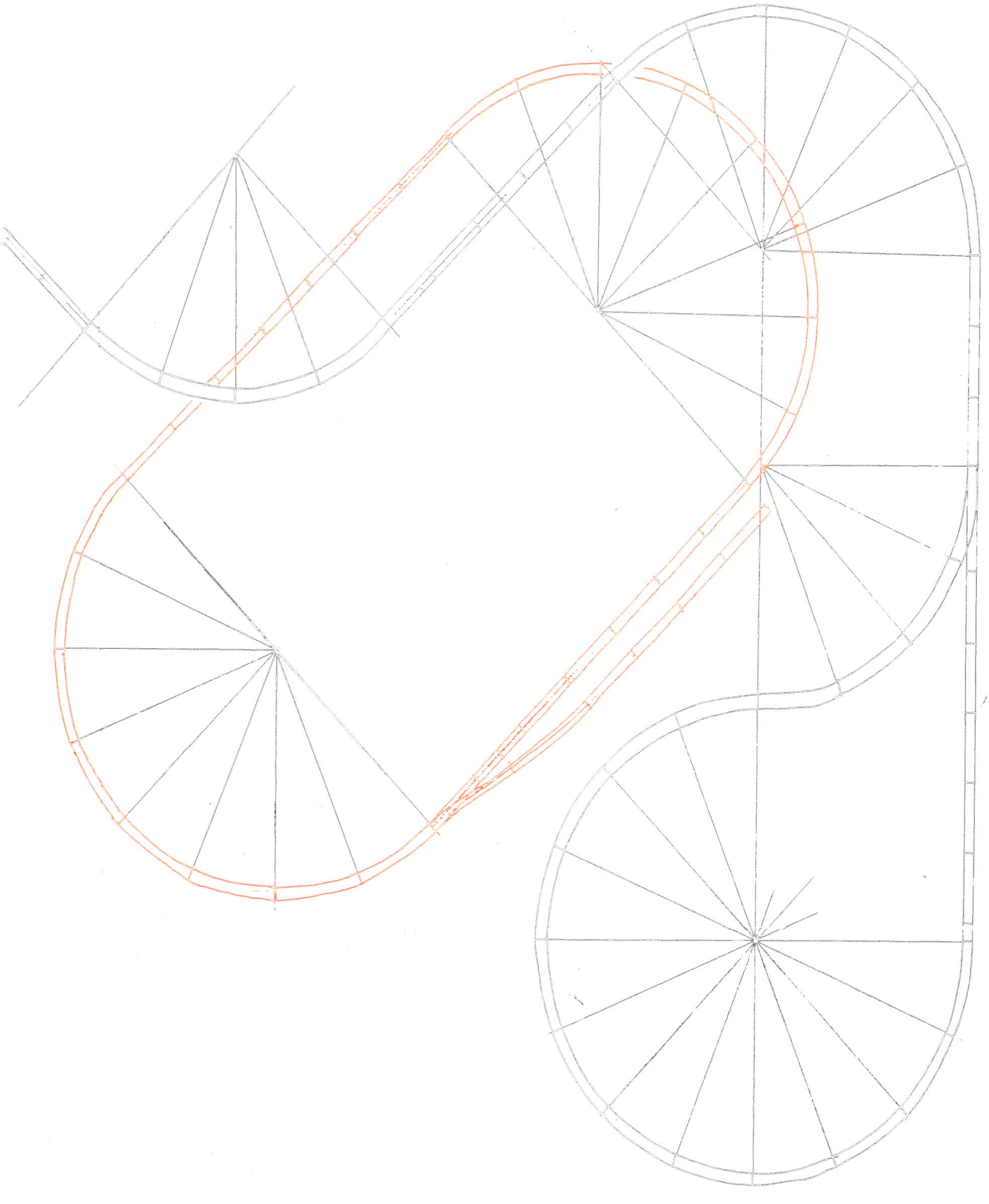

Mediterane Pflanzen

Außenanlagen beeindrucken durch die Farben- und Formfülle der Pflanzen und Gewächse. Dazu werden ausschließlich Naturmaterialien wie Stein, Holz und Mull verwendet.

Die gesamte Fläche haben wir gleichmäßig geharkt, …
… das Fahr- und Gleismaterial stellen wir anschließend bereit.

Der Unterbau der Gleistrassen besteht aus Steinen, …

… diese fügen wir zu einer stabilen Konstruktion zusammen.

Die nach Plan angefertigten Gleistrassen aus verleimten Holzplatten legen wir auf diese steinerne Unterkonstruktion probeweise auf.

In die Vorderkante der Holztrasse schneiden wir eine Nut, ...

... dann setzen wir eine stabilisierende Holzscheibe ein.

Nach Überprüfung auf Paßgenauigkeit wird diese Holzscheibe mit der Trasse verschraubt, ...

... zwei Trassen werden zusammengesteckt ...
... und nach Überprüfung der Paßgenauigkeit miteinander verschraubt.

Auf dem flachen Boden legen wir Steinplatten für den Bahnhofsbereich aus, ...

fixieren sie mit Beton am Boden ...

... und überziehen sie mit einer Betonschicht für den Bahnsteig.

Die Seiten füllen wir auf, der Bahnhof steht erhöht zum Boden, wie auf einem gegossenen Betonsockel.

Besonderes Augenmerk ist exakt verlegten Schienen und einwandfrei funktionierenden Weichen zu widmen; auch ist auf eine gute Zugänglichkeit aller Gleisabschnitte zu Wartungs- und Pflegearbeiten zu achten. Die Gleise werden in die Schotterbetten von Merkur mit leichtem Druck gesenkt, ausgerichtet …

… und sauber fixiert.
Nach Überprüfung durch eine Probefahrt können die in die Schotterbetten gesenkten Schienen mit der bereits beschriebenen Holztrasse fest verschraubt werden.

märklin
märklin
märklin
transformer 32 VA
transformer 32 VA
transformer 32 VA
transformer 32 VA

Für den Besucher unsichtbar, für die Betreiber zentral angeordnet, befindet sich die gesamte elektrische Steuerung im Hintergrund der Anlage. Die Stromkreise sind farblich gekennzeichnet und elektrisch voneinander getrennt; die Kabelzuführungen sind markiert.

Gleisanschlußklemmen machen ein Anlöten überflüssig;
… einfach an die Schiene anschrauben …

… Klemmschuh aufschieben …

… und mit leichtem Druck justieren.

Bei Verwendung von Kabeln mit größeren Querschnitten können diese direkt an die Klemmschuhe angelötet werden.

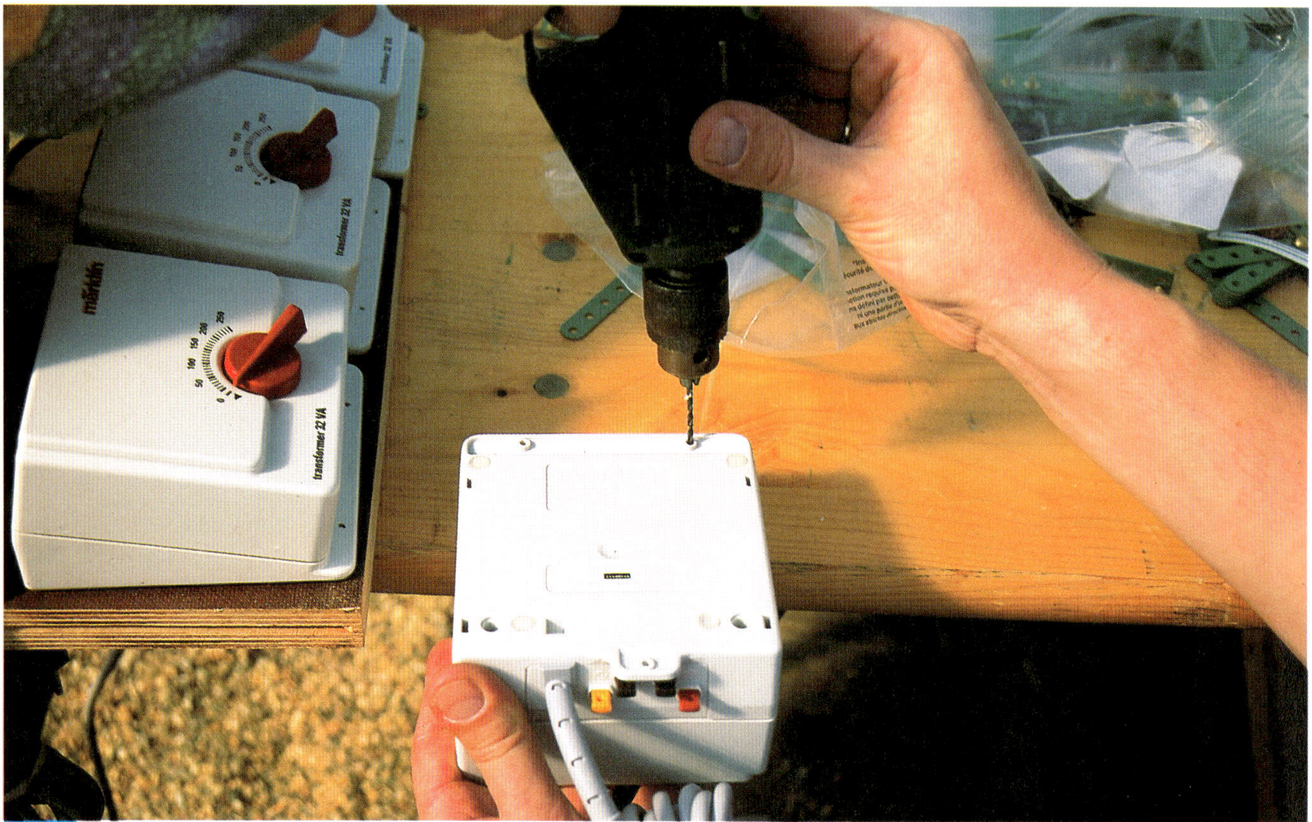

Die Transformatoren haben wir auf eine Holzplatte geschraubt …
… und mit einer um die ganze Anlage führenden Ringleitung verbunden. Die Einspeisung in die Gleise erfolgt im Abstand von ca. 2–3 Metern.

Die Stromkabel werden durch die Holztrasse durchgezogen und für den Betrachter nicht sichtbar zu den Transformatoren geführt.
Ausgiebige Probefahrten, in unserem Falle unter den äußerst kritischen Augen unserer Youngster, dienen der Überprüfung auf korrekte und einwandfreie Fahrfähigkeit.

elders
Baumschule
MAXI

Brücken eröffnen eine dritte Dimension; Züge können sich auf verschiedenen Anlagenhöhen kreuzungs- und unfallfrei begegnen, über- und untereinander fahren.

Mit dem Märklin-Metallbaukasten-System lassen sich verschiedene Ausführungen von Brücken entweder nach Vorlage …
… oder in freier, kreativer Arbeit herstellen.

Diese Brücke haben wir in den Streckenverlauf eingepaßt...

... und an den Holztrassen seitlich befestigt.

Abschließende Testfahrten mit unterschiedlichen Fahrzeugen geben verläßlich Auskunft, ob das Lichtraumprofil eingehalten wurde.

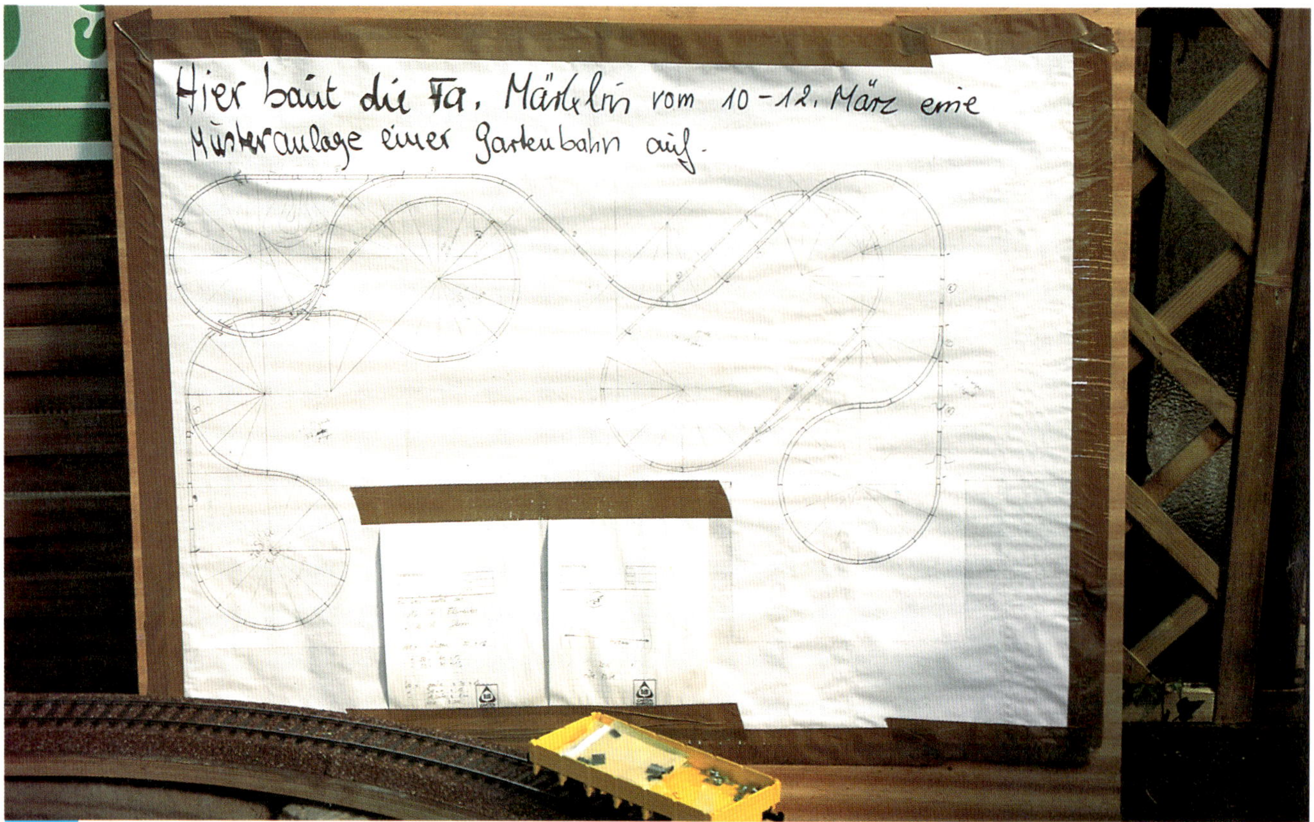

Gemäß dem im Maßstab von 1:10 angefertigten Bauplan konnte mit dem Bau der 6 x 11 m großen Freianlage begonnen werden.
Natursteine für den Gleisunterbau, Sand und Torf für die landschaftliche Gestaltung beherrschen die Aufbauszenerie.

Die Wasserläufe werden installiert, die Felsen sind bereits in der richtigen Position fixiert. Mutterboden und Torf werden als Untergrund für die farbintensiven Blumenfelder aufgeschüttet.

Die Anlage ist fertiggestellt. Der Eröffnungssonderzug ist mit einem besonderen Ladegut unterwegs. Da wir sorgfältig gearbeitet haben, wird auch der zur feierlichen Einweihung bestimmte Sekt sicher und weitgehend rüttelfrei transportiert. Na denn, Prost!

InterRegio 2431
Luxembourg-Wasserbillig-
MAXI

FELSDEKOR
InterRegio
Emden
Stuttgart

Blumen, Sträucher und Bäume aus der Natur sorgen mit ihrer Formenvielfalt und Farbenpracht für eine natürlich gewachsene Atmosphäre. Diesen ausgewogenen Eindruck verstärken die verwendeten Materialien Holz und Naturstein. Auf dieser Aufnahme sind sehr schön die gewaltigen Dimensionen der Anlage zu erkennen.

G'scheiten
märklin

G'scheiten
märklin
1
2
3

Maxi ist zu Gast bei den „6/7 G´scheiten" in den 3. Fernseh-Programmen der ARD. Diese traditionsreiche Jugendsendung wurde in weiteren 20 Staffeln vom Südwestfunk produziert. Als Schlußspiel jeder Folge hat Maxi in Form des 6/7 G´scheiten-Logos ihren großen Auftritt. Mittels Dynamo, der von zwei auf Fahrrädern strampelnden Mitspielern seine Energie erhält, wird mehr oder weniger Strom für die Versorgung der Maxi-Loks erzeugt. Innerhalb einer bestimmten Zeit, erschwert durch zahlreiche Hindernisse, müssen die Maxi-Loks ins Ziel gesteuert werden. Dieses Spiel fand erwartungsgemäß großen Anklang. Auch Moderator Markus Brock hatte seinen Spaß an der Sache. Die Anlage wurde von Märklin zur Verfügung gestellt.

Bei der Planung von Modelleisenbahn-Anlagen stehen Wunsch und realer Platzbedarf meist in einem großen Widerspruch; nicht alle Wünsche lassen sich realisieren, nicht alle Vorstellungen werden Realität. Um diese Tatsache wissend, haben wir im folgenden auch gar nicht erst den Versuch unternommen, die „1000 schönsten und interessantesten Gleispläne für die Maxi" aufzulisten.

Da es sich bei unserem Hobby um eine kreative Beschäftigung handelt und die räumlichen Voraussetzungen individuell völlig verschieden sein können, haben wir versucht, anhand von ausgesuchten Beispielen das Prinzip aufzuzeigen, mit dessen Hilfe eine individuelle Planung ermöglicht wird. Die aufgeführten Beispiele beinhalten sowohl das Gleissortiment für den Radius 600 mm, als auch für den Radius 1020 mm (Bestellnummern sind beigefügt). Der Radius 600 mm erfordert auch in einem aufgebauten Weichenfeld relativ geringe Einbaulängen von 300 mm (vergleichsweise: R = 1020 mm: 450 mm). Dafür sehen die größeren Radien immer etwas eleganter und vorbildgetreuer aus. Die gesamte Gleisgeometrie wirkt großzügiger. Alle Beispiele sind mit dem Gleisplan-Programm der Firma Modellplan ausgeführt.

Skizze 1.1.: Links- oder rechtsabzweigendes Parallel-Gleis, zum Beispiel für ein Überhol- oder Umfahrgleis. Die zwischen den Weichen liegenden Längen können auf den vorhandenen Platzbedarf abgestimmt werden. Wagen können umgesetzt, ganze Züge verschoben, Lokomotiven umgespannt werden. Auf geringer Fläche ist hier viel Rangier- und Fahrspaß möglich. R = 600 mm

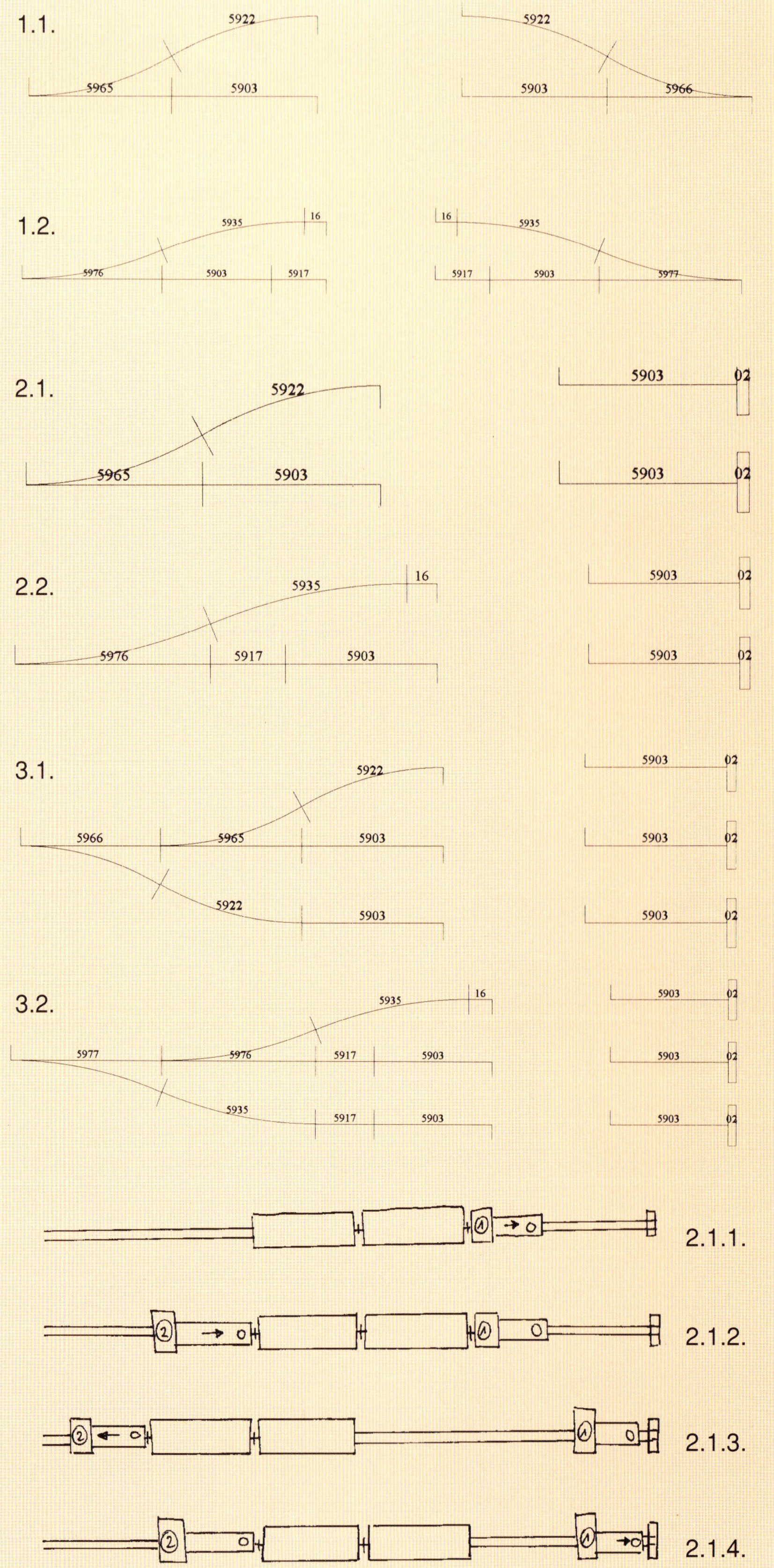

Skizzen 1.1. – 3.2.

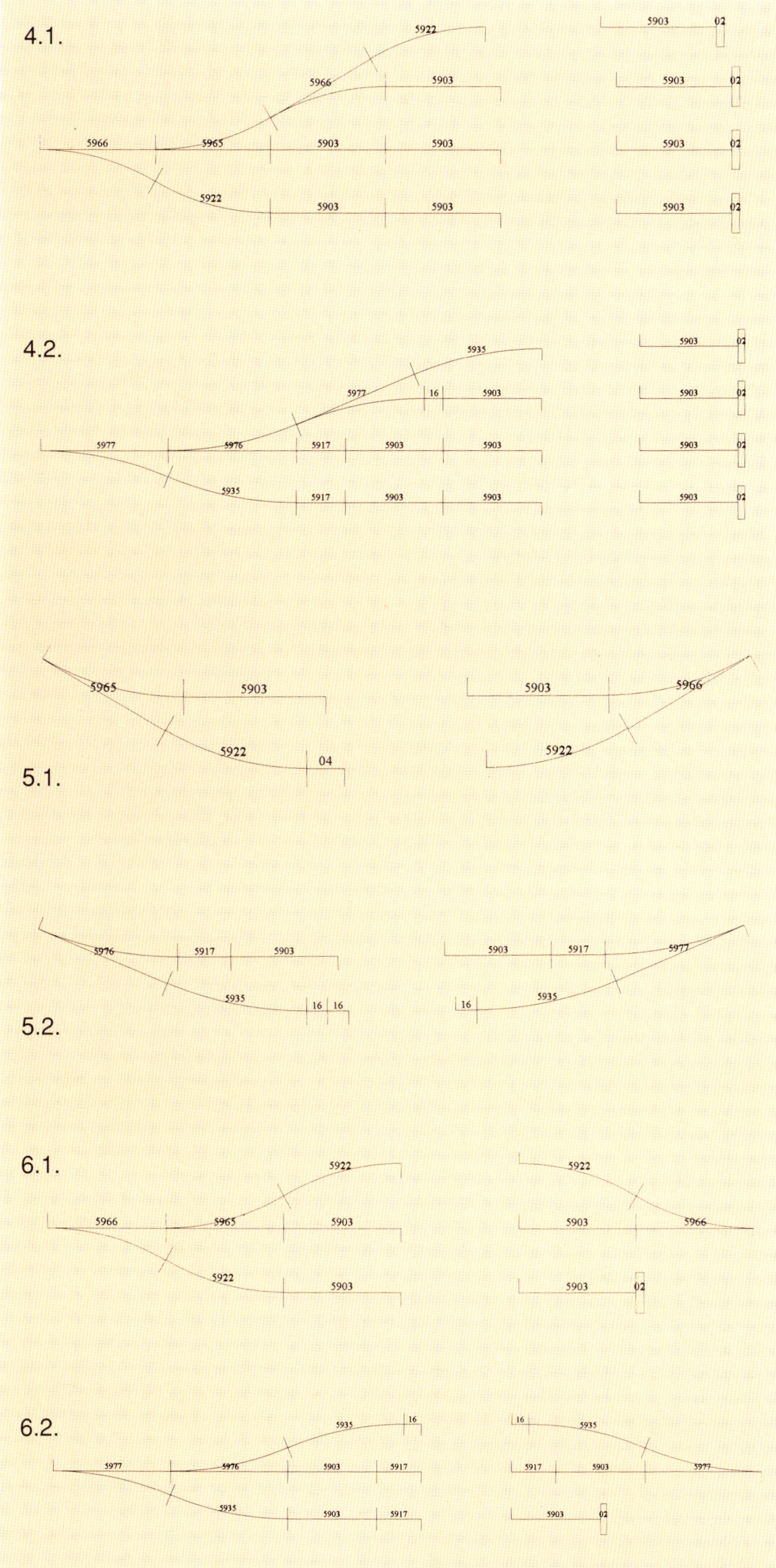

Skizzen 4.1. – 6.2.

Skizze 1.2.: Wie 1.1., R= 1020 mm

Skizze 2.1.: Zweigleisige, parallele Gleisführung mit durch Prellböcke gesicherte Stumpfgleise. Die Länge der Gleise kann auch hier individuell variiert werden. Die Gleisanordnung ist sowohl für den Personen- als auch für den Güterverkehr (Kopf- oder Sackbahnhof) beim Vorbild zu finden. Ist ein Zug in den Kopfbahnhof eingefahren (2.1.1.), kann eine zweite Lokomotive langsam an den Zug herangefahren werden (2.1.2.). Die erste Lokomotive wird abgekuppelt (2.1.3.) und nach Abkuppeln vom Zug vorgezogen. Lok 1 kann den Zug in entgegengesetzter Fahrtrichtung aus dem Kopfbahnhof herausziehen (2.1.4.). Zuletzt fährt die erste Lok aus dem Bahnhof heraus und wartet auf einem Bereitstellungsgleis auf die nächste Aufgabe. Hier eignet sich in besonderem Maße das Mehrzug-Steuerungssystem DELTA; bis zu vier Lokomotiven können auf einem Stromkreis unabhängig voneinander, von bis zu vier mitspielenden Lokführern gesteuert werden, die verschiedene Rangier- und Zugfahrten durchführen.

Skizze 2.2.: Wie 2.1., R = 1020 mm

Skizze 3.1.: Dreigleisige, parallele Gleisführung, mit durch Prellböcke gesicherte Stumpfgleise. Die in 2.1. beschriebene Gleisführung ist für einen noch abwechslungsreicheren Fahr- und Rangierbetrieb um ein drittes Gleis erweitert. Somit sind auch Rangierfahrten von kompletten Zügen von einem Bahnsteig zum anderen möglich, ohne den Spielablauf zu stören. R = 600 mm

Skizze 3.2.: Wie 3.1., R = 1020 mm

Skizze 4.1.: Systematischer Ausbau auf vier Gleise, eine weitere Ergänzung erfolgt sinngemäß. R = 600 mm

Skizze 4.2.: Wie 4.1., R = 1020 mm

Skizze 5.1.: Zweigleisige parallele Gleisführung, aus einem Kurvenbogen heraus. Räumliche Voraussetzungen oder individuelle Gleisplanungswünsche können diese Lösung erforderlich machen; der Gleisabstand bleibt erhalten, die Abstände zwischen den Weichen sind beliebig zu bestimmen. R = 600 mm

Skizze 5.2.: Wie 5.1., R = 1020 mm

Skizze 6.1.: Durchgangsbahnhof mit einem Überhol- und einem mit einem Prellbock gesicherten Ladegleis. Auf den oberen beiden Gleisen können sowohl Zugüberholungen, als auch -begegnungen durchgeführt werden. Das untere Gleis dient zum Be- oder Entladen von Güterwagen. Auch können hier sowohl Personen- als auch Güterwagen abgestellt werden. R = 600 mm

Skizze 6.2.: Wie 6.1., R = 1020 mm

Skizze 7.1.: Beispiel für einen Bahnhof mit Überhol- bzw. Begegnungsgleis. Darüberhinaus zeigt unsere Skizze zwei Stumpfgleise, die wiederum durch Prellböcke gesichert sind. die Stumpfgleise können sowohl zum Be- als auch zum Entladen benutzt werden. Auch können hier Rangierfahrten abgestellt, neue Züge zusammengekuppelt und für den weiteren Rangierbetrieb bereitgestellt werden. Auch hier empfiehlt sich in besonderer Weise das Mehrzugsystem DELTA, um unabhängig von anderen Zugbewegungen fahren zu können. R = 600 mm

Skizze 7.2.: Wie 7.1., R 1020 mm

Skizze 8.1.: Dreigleisiger Durchgangsbahnhof, Aufteilung der beiden abzweigenden Gleise auf einer Seite zum Durchgangsgleis. Eine

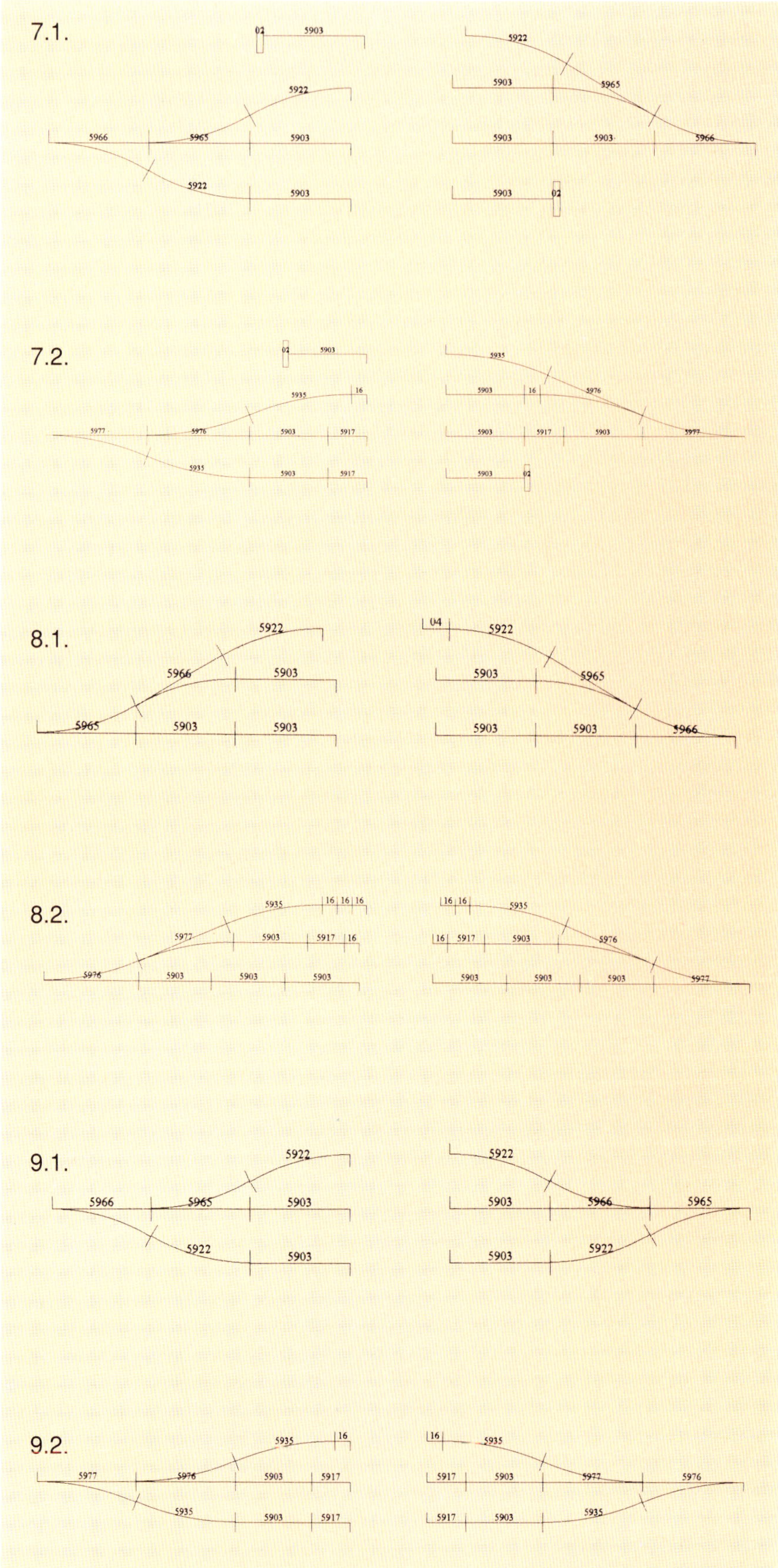

Skizzen 7.1. – 9.2.

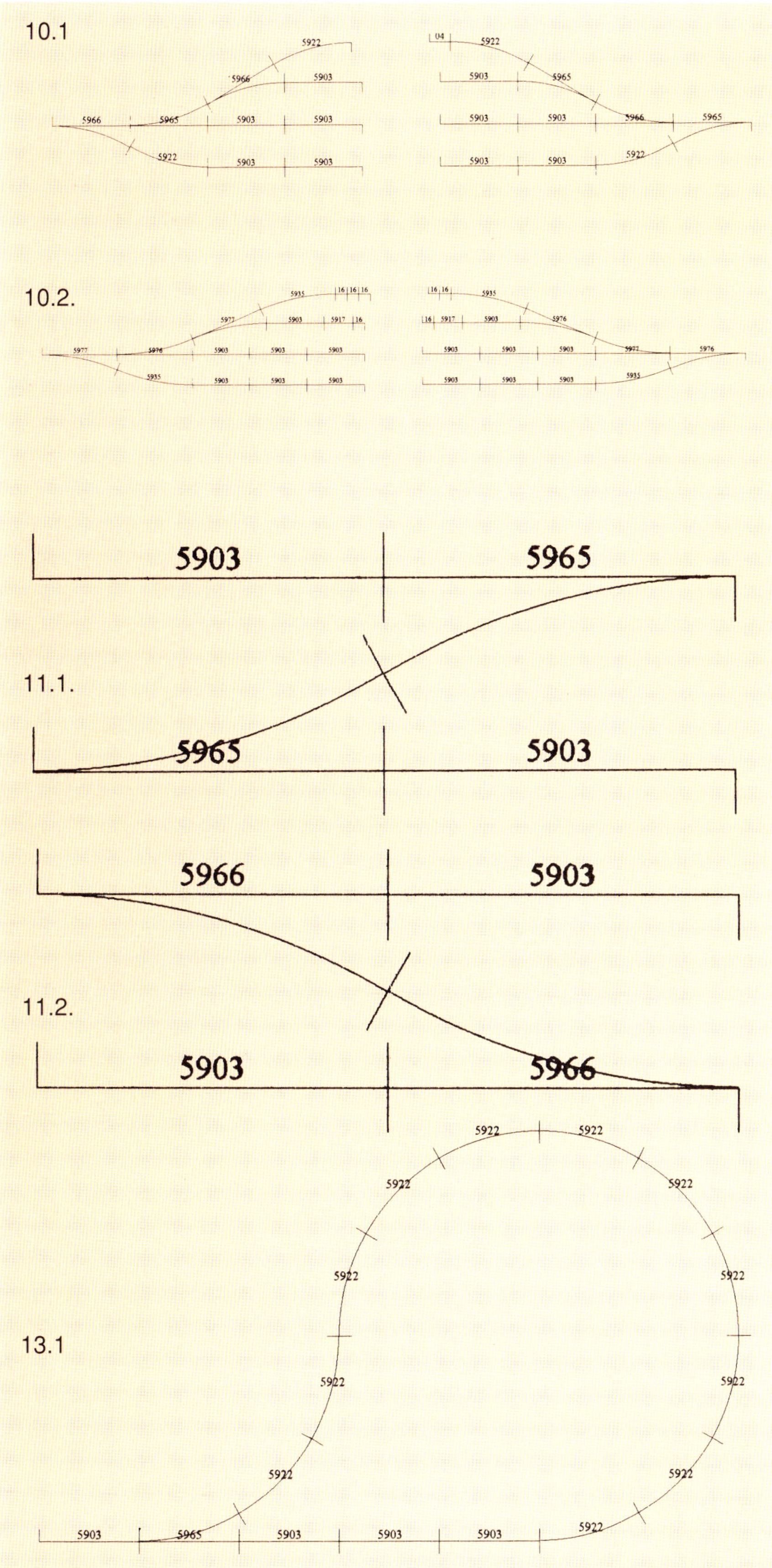

Skizzen 10.1. – 13.1.

solche Gleisaufteilung vermag bis zu drei Zugpaare aufzunehmen; ob es sich um Zugbegegnungen oder -überholungen handelt. R = 600 mm

Skizze 8.2.: Wie 8.1., R = 1020 mm

Skizze 9.1.: Gleisführung wie 8.1. mit drei Gleisen, aber: Gleis 2 und Gleis 3 sind jeweils links und rechts vom Durchfahrtgleis angeordnet. Über die Anordnung entscheiden letztendlich der zur Verfügung stehende Platz und die gewünschte Gleisführung. R = 600 mm

Skizze 9.2.: Wie 9.1., R = 1020 mm

Skizze 10.1.: Viergleisiger Bahnhof, der jederzeit mit zusätzlichen Stumpf- und Rangiergleisen ausgerüstet werden kann. Sollen die Bahnsteige breiter ausgeführt werden, so können im Anschluß an die Weichen jeweils gerade Gleisstücke bis zur gewünschten Maximalbreite in die Gleisführung eingesetzt werden. R = 600 mm

Skizze 10.2.: Wie 10.1., R = 1020 mm

Skizze 11.1.: Beispiel für einen Gleiswechsel aus dem Parallelkreis mit zwei linksabzweigenden Weichen. Diese Gleisführung ist beispielsweise vor einem Bahnhof üblich, um ohne zusätzliche Rangierfahrten jedes Gleis anfahren zu können. R = 600 mm

Skizze 11.2.: Gleiswechsel mit zwei rechtsabzweigenden Weichen, je nach Platz und Betriebsbedarf zu wählen. R = 600 mm

12.1.: Wie 11.1., R = 1020 mm
(ohne Abbildung)
12.2.: Wie 11.2., R = 1020 mm
(ohne Abbildung)

Skizze 13.1.: Speziell bei eingleisigen Streckenführungen und eingeschränkten Platzverhältnissen werden häufig Kehrschleifen eingesetzt. Der von links herannahende Zug fährt in die Kehrschleife hinein und verläßt sie wieder auf dem selben Gleis. Allerdings um 180 ° gedreht. Stellt man sich nun links in einiger Entfernung einen Bahnhof vor, so verläßt der von uns angenommene Zug diesen Bahnhof mit der Lokomotive voran. Hat dieser Zug die Kehrschleife durchfahren, so kann er für den Betrachter den Eindruck erwecken, es handele sich um einen entgegengesetzten Zug. Dabei muß auf die Polarität der stromführenden Gleise geachtet werden. R = 600 mm

Skizze 13.2.: Wie 13.1., R = 1020 mm

Skizze 14.1.: Wendeschleifen bei zweigleisiger Streckenführung, der sogenannte „Hundeknochen". Der Betrieb mittels des Prinzips des „Hundeknochen" ist ein reiner Kreisverkehr; durch Zusammendrücken in der Mitte nähern sich die beiden äußeren Gleise und erwecken den Eindruck einer zweigleisigen Streckenführung. R = 600 mm

Skizze 14.2.: Je nach zur Verfügung stehendem Platz kann es notwendig werden, die Wendeschleife seitlich anzufügen (wahlweise rechts oder links). R = 600 mm

Skizze 15.1.: Wie 14.1., R = 1020 mm

Skizze 15.2.: Wie 14.2., R = 1020 mm

14.1.

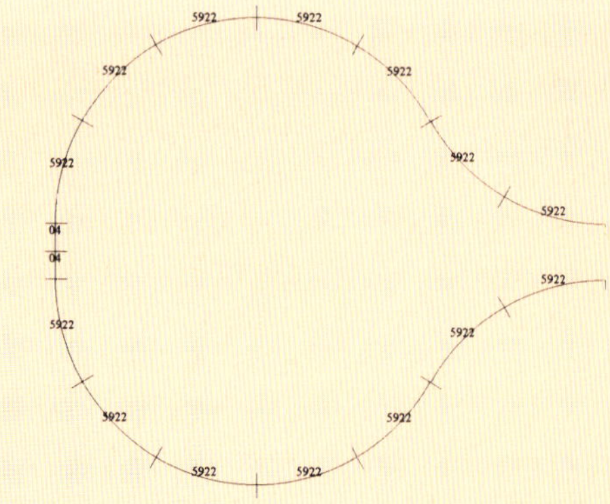

14.2.

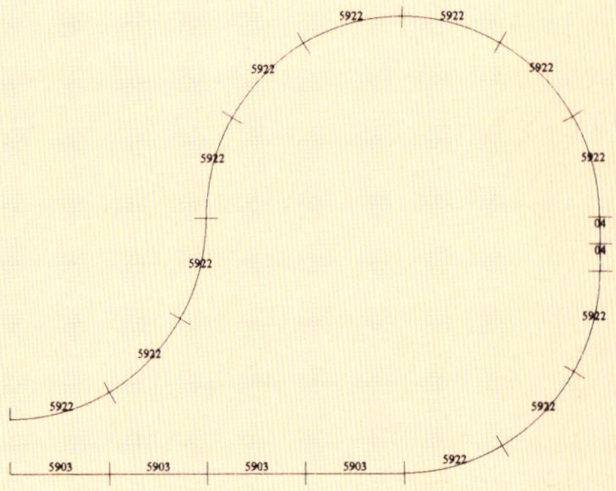

15.1.

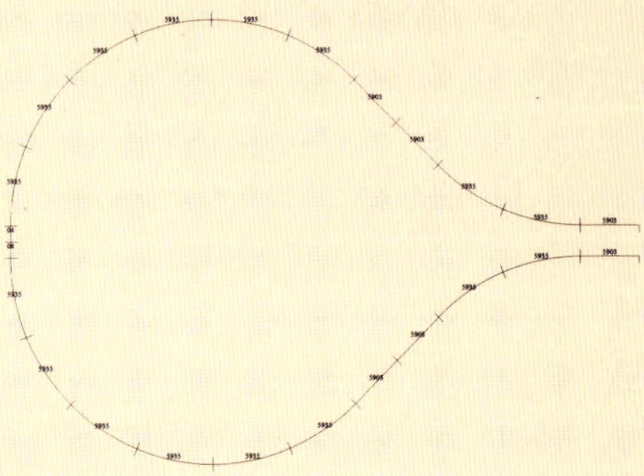

13.2.

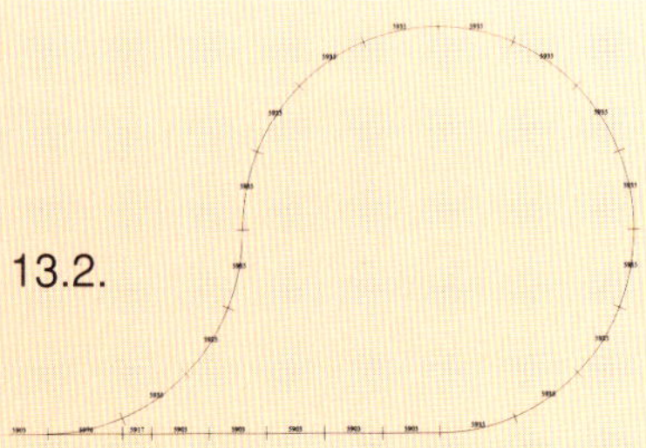

15.2.

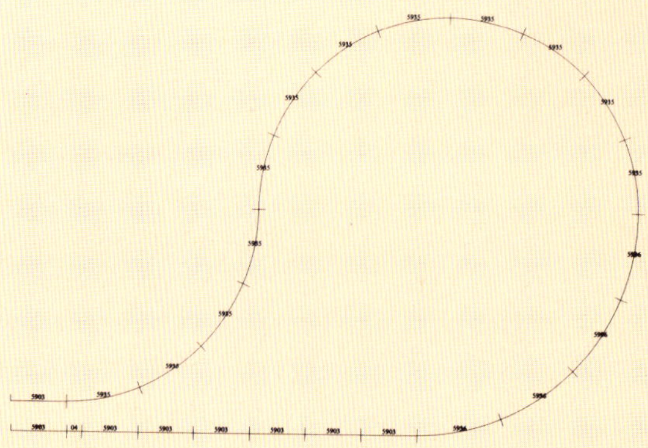

Skizzen 13.2. – 15.2.

Märklin-Magazin: Erscheint 6 x pro Jahr mit Berichten über aktuelle Neuheiten und Trends, mit den festen Bestandteilen: Märklin-Freunde berichten, Mitteilungen aus dem Großbetrieb, Bücherbrett, Veranstaltungskalender. Modellbahnen-Welt-Verlags GmbH, Postfach 940, 73009 Göppingen

Insider: Die Club-News erscheinen 6 x im Jahr und gestatten den Mitgliedern des Insider-Clubs einen lückenlosen Einblick in alle Sondermodelle, Aktionen und Veranstaltungen des Hauses Märklin. Insider, Gebr. Märklin, Holzheimer Straße 8, 73037 Göppingen

FC Märklin: Das für alle Club-Mitglieder kostenlose Club-Magazin des 1. Fanclubs Märklin (1. FC Märklin) erscheint 4 x pro Jahr; es wird von jungen Redakteuren für junge Eisenbahnfreunde und solche, die jung geblieben sind, gestaltet. 1. FC Märklin, Gebr. Märklin, Holzheimer Straße 8, 73037 Göppingen.

Spur-1-Handbuch: Unter der Bestellnummer 0323 findet der Maxi- und 1-Freund Wissenswertes und Interessantes, Historisches und Hochaktuelles zu den Themenbereichen: Historie, Normen, Sortiment, Präsentation, Gleistechnik, Anlagenbau, Landschaftsgestaltung, Anlagen, Fahrzeugtechnik, Elektrotechnik / Elektronik, Service, Sammlung. Die gewählte Form des Ringbuchs gewährleistet, daß das Spur-1-Nachschlagewerk durch Ergänzungen stets auf dem neuesten Informationsstand ist. Lieferung über den Fachhandel.

Spur-1-Team, Hagen, e.V. Im Eisenbahnmuseum Dieringhausen: Jeden Sonntag in der Zeit von 11.00 bis 17.00 Uhr, treffen sich die Mitglieder des Spur-1-Teams Hagen e.V. in den Räumlichkeiten des Eisenbahnmuseums Dieringhausen, um auf der großen Spur-1-Anlage Betrieb zu machen. Dort kann man sich informieren, aber man kann auch mit seinen eigenen Fahrzeugen Betrieb machen. Selbstverständlich ist auch die Maxi mit einer integrierten Rangieranlage mit dabei. Informationen: Spur-1-Team, Hagen, e.V., Wasserloses Tal 62, 58093 Hagen

Modellplan: Die in Göppingen ansässige und von Märklin autorisierte Firma Modellplan bietet Software sowohl für den Bereich Anlagenplanung / Anlagenbau, als auch für die Steuerung Märklin-Digital an. Neben den bereits zahlreich vorhandenen Gleisplänen können eigene Ideen, abgestimmt auf die individuelle Raumvorgabe realisiert werden. Zum Angebot gehören aber auch Acrylglas-Präsentationshauben, ein Terminplaner und eine superschnelle Datenbank für alle Sammelbereiche. Modellplan, Tannenstraße 80, 73037 Göppingen.

Hübner-Gleis- und Weichensystem: Die Firma Hübner Feinwerktechnik bietet Gleis - und Weichenmaterial an, daß ein Fahren mit noch größeren Radien (2320 mm) erlaubt. Das komplette Gleis- und Weichenprogramm ist kompatibel zum Gleisprogramm der Firma Märklin. Lieferung über den Fachhandel.

Maxi im Gartencenter Selders in Neuss: Im Gartencenter Selders in Neuss sind insgesamt 6 Maxi Züge im täglichen Einsatz; ob über Kopfhöhe oder durch die Wand, ob auf Mauern oder unter Brücken, die Maxi ist immer da. Eine 60 qm große Gartenanlage vermittelt einen Eindruck von der Harmonie von Pflanzen und Technik, von Garten- und Modellbahn-Hobby. Gartencenter Toni Selders, Bataver Straße 75, 41462 Neuss

Segment-Kopfstücke von Modell Pelzer: Die mehrfach im Buch vorgestellten Kopfstücke für mobile Segmentanlagen für drinnen und draußen können unter nachfolgender Anschrift bestellt werden: Modell Pelzer, Potthofstraße 2-4, 58095 Hagen
Darüberhinaus erstellt Modell Pelzer auch komplette, individuelle Spur-1-Anlagen (von der Skizze bis zur Gestaltung).

Für Sie! Die neue modellplan-Broschüre...

Anlagenplanung

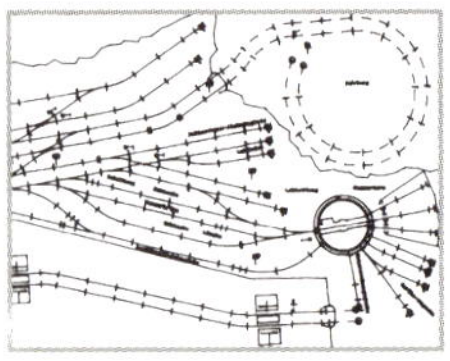

Gleispläne. Individuelle Gleis- und Oberleitungsplanung. WINTRACK-Gleisplanungsprogramme für IBM. Gleispläne auf Diskette.

Software für Märklin Digital + Computer

Fachliteratur und Einführungs-Pakete für den Einstieg. DIGIPET – das professionelle Steuerungsprogramm mit Zusatzmodul FAHRPLAN-AUTOMATIK für Märklin Digital.

Anlagenbau

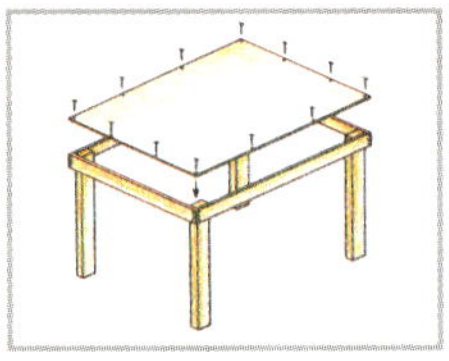

Fachliteratur für Anlagenbau und Landschaftsgestaltung. Basis-System für Rahmen- und Plattenbauweise – der stabile Unterbau für alle Anlagenformen und Spurweiten.

Service für Sammler

GALERIE – die neue Art der Modellpräsentation im Wohnbereich. Aquarell-Reproduktionen mit Märklin-Motiven. ARCHIV – die superschnelle Datenbank für alle Sammelbereiche.

Sie sind an umfassenden Informationen über alle modellplan-Angebote interessiert?

Die neue 36seitige Farbbroschüre erhalten Sie gegen Einsendung von DM 5,– (Briefmarken / bar) oder vier internationalen Antwortscheinen direkt von modellplan, Tannenstraße 80, D-73037 Göppingen und bei den Mitgliedern der Märklin-Händler-Initiative.

...am besten gleich anfordern!